燧人氏
心火相传

燧人氏
心火相传

魔方中国史

帝位进化论

天子们的忐忑与哀愁

唐岛渔夫 著

图书在版编目（CIP）数据

帝位进化论 ：天子们的忐忑与哀愁 / 唐岛渔夫著 .
-- 北京 ：当代世界出版社，2020.1
ISBN 978-7-5090-1510-0

Ⅰ . ①帝… Ⅱ . ①唐… Ⅲ . ①中国历史一汉代 - 唐代
一通俗读物 Ⅳ . ① K234.09

中国版本图书馆 CIP 数据核字（2019）第 116964 号

帝位进化论 ：天子们的忐忑与哀愁

作　　者：唐岛渔夫
出版发行：当代世界出版社
地　　址：北京市复兴路 4 号（100860）
网　　址：http://www.worldpress.org.cn
编务电话：（010）83908456
发行电话：（010）83908410
（010）83908377
（010）83908423（邮购）
（010）83908410（传真）
经　　销：全国新华书店
印　　刷：北京市兴怀印刷厂
开　　本：710 毫米 ×1000 毫米　1/16
印　　张：14.5
字　　数：166 千字
版　　次：2020 年 1 月第 1 版
印　　次：2020 年 1 月第 1 次
书　　号：ISBN 978-7-5090-1510-0
定　　价：45.00 元

前　言

浩如烟海的中国历史，纷繁芜杂到让很多人望而却步。

我一直想用自己的语言，写一点相对通俗易懂的历史。我要写的历史不是通史，当然更不是教科书，但却能够基本将中国历史的脉络用某种逻辑串联起来。我写的历史可能会有点“八卦”，但是却没有脱离最基本的历史事实。

关于本系列

（1）历史的模块化

这个系列，我将用模块化的概念来写历史。我会根据我的逻辑方式，将历史的时间顺序完全打乱，之后重组。这样的历史读起来不枯燥，而且独立成章。

（2）历史的立体化

我会把平面的历史立体化——之前我们会疑惑，三国魏、蜀交兵为什么要用到木牛流马？赤壁之战为什么会跑到了湖北去保卫南京？疑问的原因，是平面的历史只关心政治军事，而不会涉及太多历史背后的经济、地理常识。在我的写作中，会尽量把平面历史立体化，将重要的历史事件交代清楚。

这是最好的时代，信息摄取的便利程度远超我们的先人；这是最坏的时代，各种段子手笔下的历史轮番霸占着我们的眼球，真伪难辨。就像我们坐拥满汉全席，却吃出了爆米花的味道……

中国人的信仰——敬天法祖、儒家思想、多神崇拜，都和中国历史息息相关。当代中国人若不懂历史，也就没法理解古代中国人的精神世界。所以，我把历史像魔方一样重置、变换、归纳、总结，而最终，万变不离其宗。我希望，我们都能看到中国历史的脉络和伏线，以及千载之下从未变过的中国人的精神世界。

关于本部

俗话说，多子多福。然而这句话到了皇家却未必适用，因为存在着太多的利益和纷争，皇室的多子带来的多半是在意料之外却又在情理之中的灾祸。本部截取历史中几个高产帝王的父子恩怨情仇，来看一看帝王多子的残酷现实。

目　录

周太祖的养子荣光

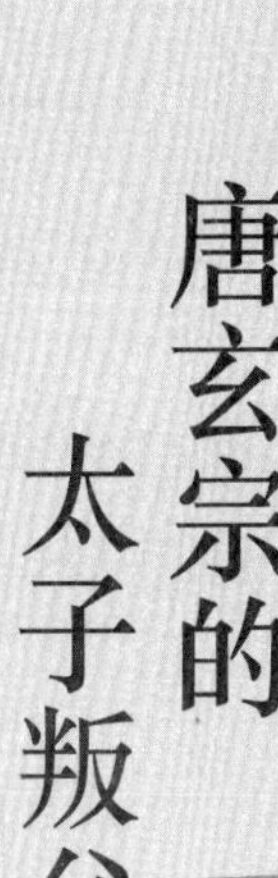

唐玄宗的太子叛父

一个弱势太子，对上了一个狡猾的宰相、标准的政客。

从某种意义上来讲，逃跑也是一门艺术。

唐肃宗这位乱世皇帝，前半生过得惶恐至极，后半生过得颠沛流离。在安史之乱第二年登上帝位，又在安史之乱结束前一年离开人世，是童叟无欺、如假包换的乱世皇帝。

多年以后，在太极宫甘露殿的遗址上，有人诵出了那首耳熟能详的唐诗——

寥落古行宫，宫花寂寞红。白头宫女在，闲坐说玄宗。

忐忑的少年

第一部结束前，我们讲到了唐玄宗和杨贵妃的千古绝唱。安史之乱后，唐玄宗西逃四川，在马嵬（wéi）驿大唐将士哗变，杨贵妃自缢而死。这个导致佳人香消玉殒的重要事件——马嵬之变，同唐玄宗的儿子李亨有着莫大的关系。

唐玄宗是古代“高产”帝王的典型代表，他总共有 30 个儿子、29 个女儿。

李亨，是唐玄宗的第三个儿子，母亲杨氏（弘农杨氏），而杨氏的曾祖父就是上一部所提到的隋末官员杨达（同时也是武则天的外公）。

李亨没有出生的时候，隔着肚皮就已经开始经历人生中的惊涛骇浪。唐隆元年（710 年）八月，李亨的母亲杨氏和李隆基结婚，这个时间点，恰好是“唐隆政变”[①] 结束后的第二个月。成婚之后没有多久，杨氏就怀上了李亨。然而这一年，凭借“唐隆政变”中的拥立之功，在两位哥哥李成器和李成义的谦让之下，才登上太子之位

① 唐隆政变：是唐隆元年六月庚子（710 年 7 月 21 日），由唐朝临淄王李隆基和太平公主于长安城共同发起的一场宫廷政变。李隆基杀了韦后、安乐公主，并彻底剿灭了韦氏集团。李旦复辟为唐睿宗，李隆基被立为皇太子，太平公主的权势更加强大。

的李隆基，显然还立足未稳。

初登太子之位的李隆基，非常在意别人的看法，当然也非常担心这个太子之位瞬间易手。大唐开国近百年来，从李建成到李承乾，从李弘到李贤，从李重俊到李重茂，废太子几乎个个不得好死。李隆基看到杨氏不断隆起的肚子，非常怕自己的父亲李旦以及姑姑太平公主给自己按上一个贪淫好色的恶名。在宫廷政治中，没有绝对的善恶是非标准，很多时候是欲加之罪何患无辞（比如独孤伽罗与太子杨勇），李隆基深知这一点。他想到了堕胎，将这个还没有成形的小生命扼杀在杨氏腹中。不过幸运的是，李隆基经过慎重考虑，还是没有下手。

公元 711 年，李亨出生。

出生后的李亨，便开始经历人生中的波折。因为当时的太子妃王氏（也就是后来被废的王皇后）没有生育，所以李亨的母亲杨氏作为普通太子姬妾，只能将李亨交给太子妃王氏抚养。所幸的是，王氏天性纯良，又没有自己的子女，将李亨视同己出。

之后的李亨，被唐玄宗封为忠王，并且在这个位置上一坐就是二十多年。直到公元 738 年，在武惠妃的精心设计之下，皇太子李瑛被废并被赐死。皇太子的位子，居然意外地落在了李亨头上。不管情不情愿，李亨就这样被现实裹挟着推到了宫廷各种政治龙卷风的“风暴眼”。

对于李亨来讲，首先太子之位的政治风险极高，大唐盛世的太子更是如此，外人看上去光芒万丈，实则是个真正危险的火山口，不知道哪一天就会喷发并吞噬掉自己或者与此相关的所有人。其次，在一个太平盛世做太子，其实是一件郁闷的苦差事。尤其是自己的皇帝父亲是如此长寿，如此英明神武，如此让他自惭形秽。况且，他本来也只是王皇后的养子，能够登上太子之位只能说是运气。前太子李瑛以及大唐开国以来无数个太子的前车之鉴依然历历在目，可以想象，李亨这样的太子，一定是当得憋屈有余而成色不足。

不仅如此，玄宗朝红极一时的两位宰相李林甫和杨国忠，都对李亨持敌视的态度。

李林甫，出自陇西李氏，也是李唐宗室成员之一。出身虽然好，但是李林甫做官的本事却是自己修炼来的。李林甫没有彻底发迹之前，他攀附的是我们前面提到的唐玄宗第一任宠妃——武惠妃。

能够攀附到武惠妃的原因也很简单，是因为李林甫年轻时候也曾经风流过，当时他的情人姓武，是武三思[①]的女儿，和武惠妃一样都是老武家的女人。武三思当年虽然权倾一时，但是属于武家人的时代早就过去了，老武家当时在内廷的领军人物就是武惠妃。武三思的正牌女婿并不是李林甫，而是宰相裴光庭，只不过李林甫偷偷给裴光庭戴了绿帽子。人家裴光庭是正牌女婿，李林甫是野生女婿。正牌女婿裴光庭活着的时候官至宰相，但是却死在了任上。失去了靠山的武三思女儿，于是就到处找门路拉关系，希望将来“野生”女婿李林甫也能飞黄腾达。

所以，老武家的领军人物武惠妃暗中使力，最终李林甫谋得了黄门侍郎的职务。要知道，黄门侍郎这个角色虽然品级不高，但是却是内廷可以跟皇帝直接接触的角色，历朝历代，在很多人发迹之前都有过做黄门侍郎或者黄门郎的经历。换言之，做了黄门侍郎，就

① 武三思：（649—707年），并州文水（今属山西）人，武周宰相，女皇武则天的侄子。天授元年（690年），武则天称帝，大封武氏宗族为王。武三思为梁王。神龙三年（707年），谋废太子李重俊，却在景龙政变时被李重俊所杀，唐中宗李显追赠他为太尉，谥曰宣，唐睿宗李旦废其谥号并开棺戮尸，毁其墓。

等于进了后备要员资源池，可以跟着皇帝学习和历练处理政务的本事。将来只要是提拔，就一定是个巨大无比的“乌纱帽”。

两年之后的公元735年，也就是唐玄宗开元二十三年，李林甫被晋升为礼部尚书，同中书门下，一步登天做了宰相。

做了宰相的李林甫，投桃报李，对武惠妃感恩图报。比如，在武惠妃陷害太子李瑛、鄂王李瑶、光王李琚三个皇子的公案中，李林甫就起到了推波助澜的作用。当时皇帝征求李林甫的意见，李林甫山寨了当年废王立武事件中的李勣，说了一句——这是陛下家事，何必和外人商量。（“家事何须谋及于人”《旧唐书·列传·卷五十六》）

于是唐玄宗再没有犹豫，三位皇子被一窝端了。

三位皇子被冤杀之后，李林甫还顺势隆重推出了他心目中的皇帝理想接班人的人选——寿王李瑁，也就是武惠妃的亲生儿子，杨玉环的第一任丈夫。不过事不凑巧，这一次唐玄宗李隆基却最终决定把太子之位给了李亨。

那么问题来了。

李隆基支持寿王李瑁这件事情，朝堂上下的人都有所耳闻，这事等于打的是明牌，李亨心里也明镜儿似的。未来一旦唐玄宗离开人世，这个即将成为皇帝的李亨，一定会视李林甫为眼中钉、肉中刺。而且更加要命的是，就在三个皇子离开人世的同一年，武惠妃也一命归西，李林甫之前的靠山已经没有了。而这个时期的李林甫，刚刚当上宰相两年，他在唐玄宗心目中的地位显然并不稳固。

怎么办？

李林甫要跟时间赛跑——想尽一切办法，阻止太子李亨登基。

李亨，毫无疑问，就是李林甫的天然政敌。

既然如此，李亨的苦日子可就来了——一个弱势太子，对上了一个狡猾的宰相、标准的政客。而且这个宰相还手眼通天，在皇宫内安插了无数太监和宫女，作为自己的眼线。很多时候，唐玄宗在召集群臣议事之前，李林甫就已经提前知道了皇帝要商量什么，甚至于皇帝可能会支持的结论是什么。

这样的非对称交锋，比李亨之前经历过的任何惊涛骇浪都更加可怕，而且还防不胜防。

在李亨身上，李林甫首先找到的突破口，叫韦坚。

韦坚出身于京兆韦氏，是李亨正妻韦氏的哥哥。韦坚的所有官职里面，有一样是比较扎眼的，就是长安令，也就相当于今天首都的市长。当时在正月十五闹元宵这一天，陇右节度使（相当于陇西军区司令员）皇甫惟明入朝觐见，恰好在这个期间见到了韦坚，也见到了太子。于是罪名来了——内戚暗通边将。

唐代前期，朝廷对于边将的任命十分在意，怕的就是边将造反，不好控制。所以很多边将，尤其是正职，都是由朝廷委派，委派也是委派文官，而且是临时性的。比如说李林甫本人，就曾经兼任陇右节度使、河西节度使。而李林甫的好同事牛仙客①，则是宰相兼任朔方节度使②。

---

① 牛仙客：（675 — 742 年），泾州鹑觚（今甘肃灵台）人，唐朝宰相。牛仙客早年曾为县中小吏，后来升任朔方行军大总管，赐封陇西郡公，后入朝为工部尚书，加同中书门下三品，进爵豳国公。后来，牛仙客升任侍中（左相），兼兵部尚书。牛仙客任相期间，凡事依从李林甫，遇事不敢裁决。

② 朔方节度使：又称“灵州节度使”，是唐朝在今西北地区为防御突厥汗国设置的节度使，天宝十节度使之一。唐玄宗开元九年（721 年）十月六日置。朔方节度使治所在灵州（故址在今宁夏吴忠市境内）。

暗通边将的帽子一扣，就算是没事也惹上骚了。于是，唐玄宗下令撤了韦坚与皇甫惟明的职。

那么太子李亨怎么办？

太子自有办法，他索性休了老婆韦氏，以证明自己的清白。

这事就算是告一段落，但很显然，这个结局距离李林甫想要的结局相去甚远。

所以很快，李林甫又找到了李亨身上的第二个突破口。

除了太子妃韦氏之外，李亨还有妾，叫作杜良娣。杜良娣的老爸杜有邻和女婿柳勣（也就是李亨的连襟）闹别扭，两个人互相给对方泼脏水。最终波及到了李亨，因为柳勣说老岳父跟李亨合谋，准备发动政变，提前接班。

这下事情可就闹大了。

唐玄宗李隆基年轻的时候，一路从政变中走来，年轻时他最不怕的就是政变，岁数大了他最怕的就是政变。

结局很惨烈，杜有邻和柳勣翁婿二人被活活杖杀，杜良娣被废为庶人。而李亨则除了又损失一个老婆之外，还是岿然不动。

很快，李林甫的第三个突破口来了——王忠嗣[①]。

王忠嗣不是政客，而是一位名将，他长期对吐蕃人和契丹人一线作战，而且战功卓著。在王忠嗣官场生涯的巅峰，一个人兼任了河西、陇右、河东、朔方四个节度使的职务。要知道后来造反的安禄山，最多的时候也不过兼任了三个节度使（范阳、平卢、河东）。而且王忠嗣忠心保国，他屡次上书唐玄宗，表示安禄山迟早必反，但

① 王忠嗣：（706—749年），初名王训，华州郑县（今陕西渭南市华州区）人。唐朝名将，丰安军使王海宾之子。他曾大破奚、契丹联军，降服契丹三十六部；大破吐蕃，吐蕃死伤数万人，两王子阵亡，使吐谷浑降唐。

是这些中肯的分析和建议，并没有得到唐玄宗的重视。像王忠嗣这样的人，能够在战场上说清楚的事情，一定不会放到朝堂上啰嗦。可如果把他放到朝廷政治斗争的角力场上，那他绝对也是死得最快的。

但是，李林甫要未雨绸缪。

李林甫觉得，像王忠嗣这样的人万一成为朝廷命官，他自己的末日就到来了。而且，这事发生的几率也不低。中国古代一直有“出将入相”的说法，也就是说，真正优秀的官僚，应该是到了边疆就是名将，回到朝廷就是名相，这是古代官场上的最高追求。比如，朔方节度使牛仙客就是这样进入朝廷的。

问题并不在于王忠嗣本人怎么样，而在于王忠嗣和李亨是发小。王忠嗣的老爸王海宾当年牺牲在了对吐蕃的边境作战中。所以遗孤王忠嗣，从小就被寄养在宫中，和李亨非常熟，还被唐玄宗收为“假子”（名义上的儿子），这个“忠嗣”的名字就是唐玄宗御赐的。

王忠嗣万一进入朝廷，如果和李亨联手，那就是实打实的“内戚暗通边将”了，到时候李林甫就成了案板上的一条鱼，被人予取予求了。

李林甫给王忠嗣罗织的罪名还是老一套——勾结太子发动政变，提前接班。

唐玄宗李隆基对于这些事情非常敏感，他宁可信其有，不可信其无。

王忠嗣后来被剥夺了兵权，贬为汉阳（今甘肃礼县）太守。

王忠嗣倒下了，李林甫开心了。

李林甫不用担心李亨了，当然，安禄山也不用担心王忠嗣了。

而且更加让人感到遗憾的是，李林甫断绝了汉人王忠嗣进京为官的道路，反而为蕃将入朝打开了方便之门。因为在李林甫的心中，这些没有文化的大老粗，汉语都还说不流利，他们即便出将入相，也谈不上对自己有多大威胁。

李林甫是一个典型的官僚，也是一个标准的古代政客，他的执政能力突出，斗争倾轧能力也不差。站在他自己的角度而言，他的很多抉择并没有太大的问题，然而他却生错了时代，他的若干选择为今后埋下了各种隐患。应该说，后来的安史之乱、马嵬之变、玄宗幸蜀等一系列政治事件虽然发生在李林甫去世之后，但毫无疑问，李林甫才是这些事件的总导演。

在历次李林甫与李亨的各种明争暗斗中，都没有看到唐玄宗明确地站在太子这一边。作为一个雄才大略的皇帝，唐玄宗不想看到宰相和太子任何一方势力做大，而最好的状态，就是让他们互相制衡，为皇帝所用。唐玄宗的这种官场制衡术不管是否奏效，至少在安史之乱之前，他都觉得玩得很开心，玩得不亦乐乎。

在李林甫年老力衰的当口，唐玄宗又提拔了杨国忠。

杨国忠比较让人费解，因为实在找不到杨国忠跟太子李亨公开对立的理由。毕竟，即便杨国忠和李林甫之间也是明里暗里地斗来斗去，用“敌人的敌人就是朋友”的理论，也实在说不通杨国忠的逻辑。杨国忠敌视李亨的理由很可能仅仅是：趋炎附势、见风使舵。朝堂之上，太子李亨孤家寡人，形单影只，这一点，满朝文武都心中有数，杨国忠也看出来了。所以，杨国忠敌视李亨的原因完全是小人伎俩。

杨国忠和李林甫是完全不能放在一起相提并论的两类人，甚至可以说，是完全相反的两种人。杨国忠自认为，只要搞定了皇帝，就能掌控整个朝廷。然而，皇帝又何尝不想找一个能干的大臣，来协助自己掌控整个朝廷呢？而李林甫才是官僚的好模板，对上能够搞定皇帝，协调到资源；对下则能够左右逢源，借力打力，实现自己的政治企图。所以如果说李林甫是个“流氓型政客”，那么杨国忠则只配做一个“政客型的流氓”。李林甫在政坛上的手段，杨国忠一辈子的时间也学不会——搞定皇帝只是做事情的开端，万里长征的第一步。

自认为搞定了皇帝就可以为所欲为，所以大家对杨国忠的恨，都埋在了心里。发动叛乱的安禄山，打出的是干掉杨国忠的旗号，而马嵬之变的士兵，打出的依然是干掉杨国忠的旗号。

在所有反对杨国忠的人群中，当然也包括那个压抑了多年的太子李亨。

在父亲的强势权威之下，李亨不管是在儿童时代，还是在青少年时代，都过得提心吊胆。即便登上了太子之位，也从来没有被奸相们放在眼里，他受尽了排挤。

此时，李亨心中的那个父亲形象，让他感到若即若离，又敬又畏。

就这样一天天青春耗尽，李亨步入了他人生的中年时代。

马嵬之变

入相，没有了那个能干又奸诈的李林甫；出将，没有了那个能干又忠诚的王忠嗣。

公元 755 年，唐玄宗天宝十四年，安史之乱爆发。

安史之乱带来的冲击是空前的，不仅仅是东都洛阳、首都长安的失陷，还有朝野内外政治军事势力的彻底洗牌。这种洗牌，对于大唐王朝的千秋基业来说是一种苦涩和无奈，然而对于憋屈已久的太子李亨来讲，却带来了一个壮大自己的机遇。

太子身边，有一个贴身太监，叫作李辅国[①]。我们翻阅史书的时候发现，很多时候太子李亨对太监李辅国有一种盲从的态度。李亨对于李辅国的倚重与信任，是让人感到百思不得其解的一件事情。

而事实上，从小得不到父母温暖的李亨，只是一个受到原生家庭影响很大的普通人。

人的家庭，可以有原生家庭和新生家庭之分。原生家庭，也就是自己父母和自己本人组成的家庭；作为原生家庭的儿女，长大成人找到配偶结婚，另行组建的家庭，就叫作新生家庭。原生家庭对

① 李辅国（704—762 年）：唐朝第一个当上宰相的宦官，本名静忠，后改辅国。安史之乱期间，劝说太子李亨继承帝位。唐肃宗即位后，被加封为元帅府行军司马，开始掌握兵权。之后又阻止了张皇后废唐肃宗所立太子李豫、改立越王李系的企图，被册封为司空兼中书令。李辅国跋扈嚣张，唐代宗遂废除李辅国的权势，又派人刺杀了李辅国。

于一个自然人的性格养成影响极大，童年时期原生家庭的过度高压、过度溺爱、过度保护，都会对一个人性格的养成产生难以估量的影响。

李亨从小就对周围的一切抱有一种怀疑和不安。从小离开亲生母亲生活，从小不被皇帝父亲喜欢；长大之后几十年如一日地做一个弱势的太子，生活在奸相李林甫、杨国忠的阴影和打压之下。正因为如此，李亨不信任亲人，不信任朝中的大臣，不信任边疆的军头。转而，他只信任身边如同李辅国一样的太监，这些看上去没有任何威胁而又失去了性别的人。

李辅国是一个心机很深的人，也是一个手段狠辣的人，他在早于安史之乱的很多年里，就刻意经营自己在京城的关系网，在朝廷上下积累了丰富的人脉资源，比如龙武大将军①陈玄礼就是其中一个。

陈玄礼是李隆基的贴身近臣，也是负责皇帝安全的关键人物。之所以有如此特殊的地位，是因为早在四十多年前诛杀韦皇后和安乐公主的政变中，年轻的陈玄礼就随同样年轻的李隆基立下大功。应该这样讲，唐玄宗和陈玄礼是一起摸爬滚打长大的发小，从青年到老年，两个人一起经历了宫廷政治斗争中的刀光剑影，又一起经历了如日中天的大唐繁华景象。在长安城破前夕，唐玄宗仓皇出逃，西去四川，这个时候陪在皇帝身边的，就是玄宗的发小陈玄礼。

关于这一段历史，有很多争议，但我们采信一种更加符合常理的说法。那就是太子李亨、太监李辅国、龙武大将军陈玄礼，在这个期间是进行了密谋的。换句话讲，导致杨贵妃之死的马嵬之变不是偶然

① 龙武大将军：即左右龙武大将军，唐代禁军将领，左右龙武军属官。唐开元二十六年（738年）十一月，析左右羽林军置龙武军，设左右龙武大将军各一人，正二品（《旧唐书》作正三品），统军各一人，正三品，将军各三人（《旧唐书》作二人），从三品。协助左右大将军和左右统军，统左右万骑营。

的士兵哗变，而是被压抑多年的太子的一次强势反弹。当然这种反弹并不是单纯的政变，而是在安史之乱的大背景下，李亨目睹唐玄宗任用奸相、宠爱杨贵妃而最终误国误民的一种改变。其目的，一是除掉杨氏兄妹，二是为自己接下来的接班上台制造舆论。

哗变很容易失控，因为哗变往往需要先煽动士兵，当士兵们人心不稳的时候，再振臂一呼，立刻就应者云集了。所以，这也是双刃剑，被煽动起来的士兵就是一场燎原的大火，稍有不慎就会扩大化，把原来的方向走偏，甚至最坏的一种情况是还可能伤及自己。比如我们前面提到的，发生在隋炀帝时代的江都哗变[①]，最后就是以宇文化及趁乱杀死隋炀帝杨广告终。所以，从某种意义上讲，组织哗变并且控制哗变的走向，是一项技术活儿。

而在马嵬之变中，陈玄礼就做得非常好。

作为一名老臣子，陈玄礼在马嵬之变中对不同人的态度，是非常鲜明的，我们引用正史上的原文：

1. 对杨国忠的态度

“陈玄礼以祸由杨国忠，欲诛之，因东宫宦者李辅国以告太子，太子未决。”

2. 对杨贵妃的态度

“高力士问之，玄礼对曰：‘国忠谋反，贵妃不宜供奉，愿陛下割恩正法。’”

① 江都哗变：隋大业十四年（618年）三月十日夜间，隋骁果军兵变，在江都司马德戡引骁果军自玄武门入宫，裴虔通与元礼直入宫中，炀帝闻变，匿于永巷，被叛军驱出，押至寝殿。之后宇文化及使校尉令狐行达缢杀炀帝。并将隋氏宗室、外戚在江都宫中者皆杀之，惟炀帝侄秦王浩因素与宇文智及交往密切，得不死，并被立为帝。后宇文化及自立为大丞相，宇文智及为左仆射，率隋官兵十余万众西归。

3. 对唐玄宗的态度

“玄礼等乃免胄释甲，顿首请罪，上慰劳之，令晓谕军士。玄礼等呼万岁，再拜而出。”

——《资治通鉴·唐纪三十四》

对杨国忠，陈玄礼向太子建议坚决杀掉；对杨贵妃，陈玄礼力劝玄宗赐死美人；对唐玄宗，陈玄礼等候最后尘埃落定，达到政变的首要目的，马上对士兵情绪进行疏导。率领众将官解除武装，向唐玄宗宣誓效忠。

陈玄礼在整个马嵬之变中的表现，体现出了他身上那种中国传统士人的浩然之气。

政变之后的陈玄礼，依然不失为唐玄宗信赖了接近半个世纪的忠臣良将。在表达了自己忠心之后，陈玄礼甚至表示愿意陪唐玄宗一起入川。从陈玄礼这种带有十分明显的忠君思想的举动来判断，我们更加相信，陈玄礼事前一定是同李亨有过政变的约定，并且在密谋的时候很可能有过具体操作细节的争论。除掉杨氏兄妹是陈玄礼所赞成的，然而顺势背叛唐玄宗则一定是他所抵制的。陈玄礼的举动，保证了马嵬驿哗变被控制在最小的影响范围，当然也保证了政变的最终结局符合陈玄礼的最初设计。虽然，我们并不知道李亨最初拟定的政变方案是什么，但至少我们知道，从密谋马嵬之变开始，太子李亨就已经下定决心站在唐玄宗相反的政治立场上。

不过，这种相反的政治立场，却也并不是表面上的父子政治角力那么简单。

蜀道难

长安城破，关中大乱，唐玄宗李隆基选择的逃跑路线是进入四川。

从某种意义上来讲，逃跑也是一门艺术。当一个人败局已定，面临逃跑这个选项的时候，需要慎之又慎。胜利的方式有很多种，小胜或者大胜的区别，只是决定你接下来的日子过得好还是更好；然而面对失败，却不能苟且。选择活得差可能还有生路，而选择活得更差则可能让你永无翻身之日。

所以，在逃跑的关键时刻，比之胜券在握，更加需要冷静的头脑。因为，逃跑路线的选择，无论对于自己或者自己的敌人，都是一种强烈的心理暗示。

我们先来看一下关中的地缘格局（见图 1-1）。

安禄山的叛军，是从洛阳出发，由东往西，穿越崤函通道，攻克潼关，杀进关中。那么按照常理分析，在无险可守的情况下，唐军向西的撤退路线可以有三个选择，一是翻越六盘山，向西进入陇西高原；二是在六盘山以东，翻越北山进入陇东高原；三是南下，穿越秦岭进入汉中盆地。

不过细究起来，陇西和陇东可以看成一种选择。因为陇西和陇东虽人烟稀少，但过了陇西和陇东，则柳暗花明，有另外一片天地。

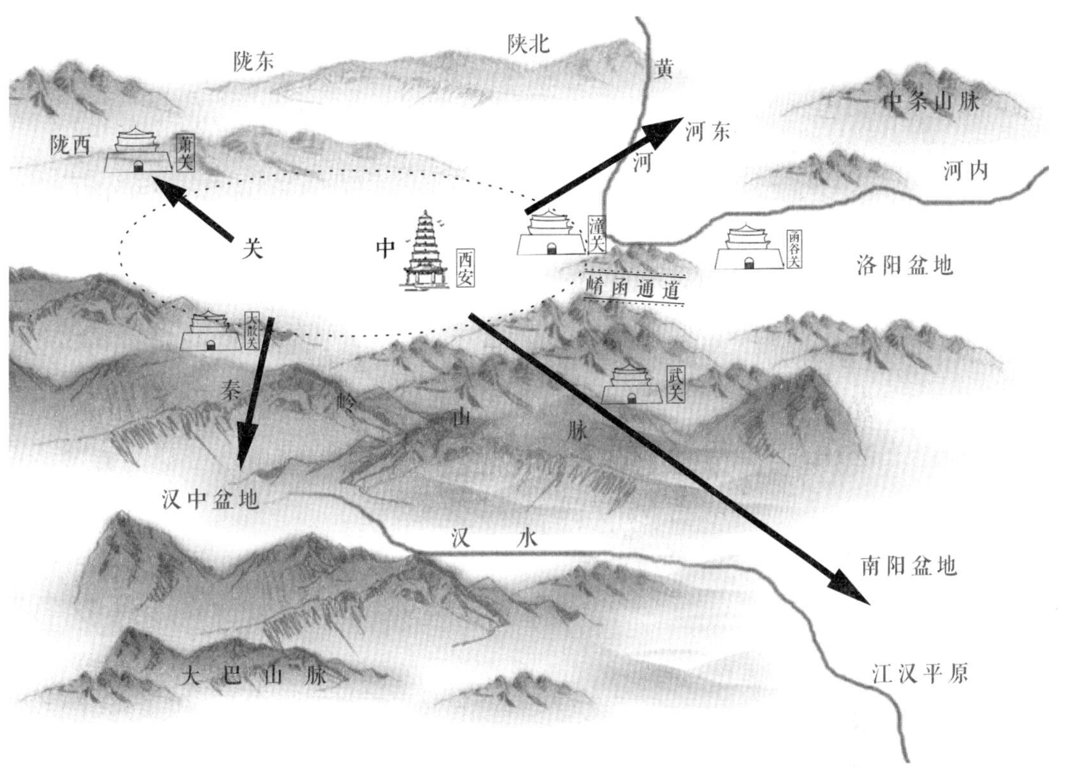

图 1-1 关中地缘结构图

进入陇西再往西，过兰州黄河谷地，走西北就可以顺势进入河西四郡。而我们前文着重分析过，河西四郡的战略地位不仅仅在于这个地方本身的价值，还在于这个地方的大陆交通线的功能，是中国古代对外交往的一条最重要路线。那么穿越河西四郡，就可以到达更加广阔的西部地区。

而如果不走陇西，而是进入陇东再往北，则可以到达黄河冲击而成的河套地区，距离最近的就是贺兰山脚下的西套平原。由西套平原沿黄河继续顺流而下，到达阴山之后，并排的还有西边的后套平原，以及东边的前套平原。沿着这一串黄河河畔小的绿洲前行，就可以连通大同盆地，通过大同盆地，就可以经营传统中原地区了。（见图 1-2）

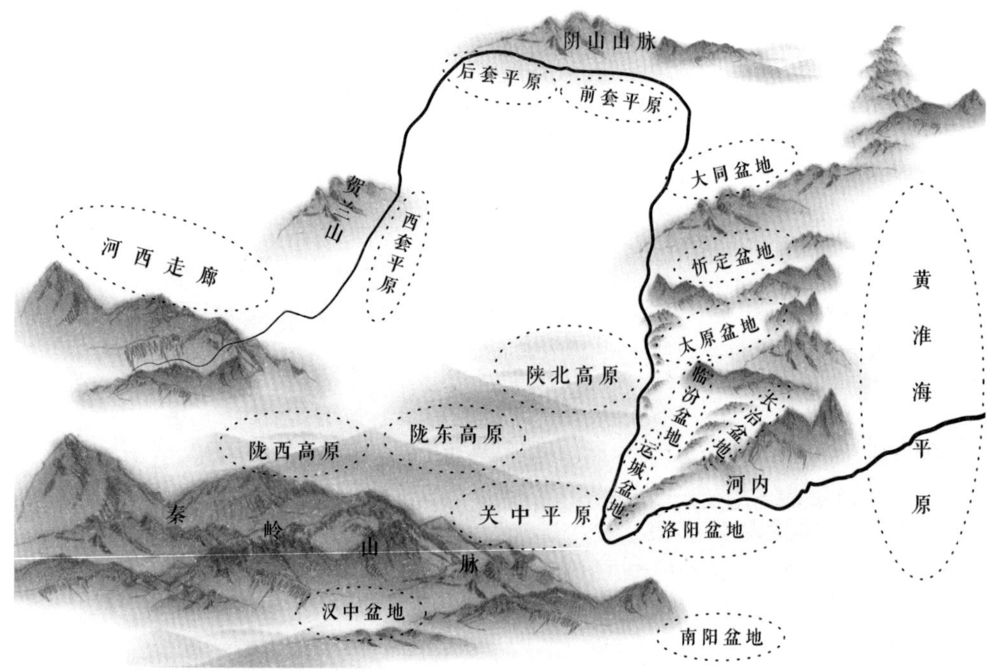

图 1-2 交通线上的平原与盆地

所以不管是选择陇西还是陇东，都可以看作往北，而汉中方向则是往南。

往北还是往南，意味着两种完全不同的政治宣示。

当时，唐玄宗时期的西套平原，虽然人口保有量依旧不如内地，但它已经完全开发为汉人传统农耕区，向南可以长途奔袭回到关中，向北可以到达河套地区，进而绕开陕北高原迂回到山西。这些地区虽然条件艰苦，但从军事角度来讲具备非常大的战略纵深；如果向南退守，则意味着就要翻越蜀道，进入汉中，并且一路到达千里沃野的四川。天府之国的四川不可谓不富庶，但在冷兵器时代的封闭地缘结构，让四川特别容易形成偏安的割据政权。我们从地图上来看一下所谓蜀道，就能明白为什么是这个结论。（见图 1-3）

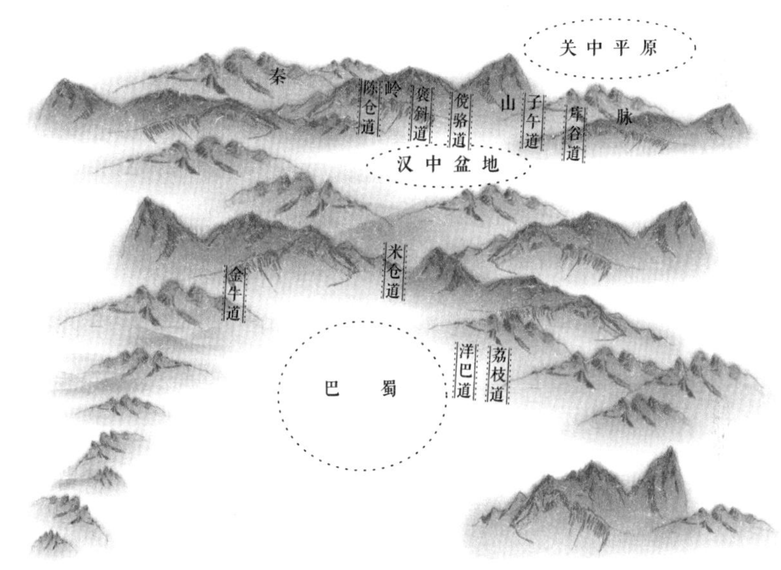

图 1-3 蜀道地形图

广义的蜀道，是指经关中到汉中穿越秦岭的路线，以及从汉中到巴蜀穿越大巴山的路线，是一北一南两条路线的总称。其中北路从西到东，依次有陈仓道、褒斜道、傥骆道、子午道、库谷道；而南路从西到东依次是，金牛道、米仓道、洋巴道、荔枝道。在这些线路上，从古到今发生了很多故事，比如韩信杀出汉中的“陈仓道”，三国时期魏延一直念念不忘的“子午道”[①]，此外还有唐玄宗为心上人杨贵妃运荔枝的“荔枝道”。

一旦经过蜀道最终进入四川盆地之后，我们就会发现这俨然是一块地缘上的全封闭状态的地理人口单元。北有大巴山，西有青藏高原，东有巫山、大娄山，南有云贵高原。无论走哪个方向，都是重重大山的阻隔。所以，历代军事家们，都把四川盆地的战略态势称之为“易守难攻”。

不过，这个易守难攻的字面意思是最容易让人误解的，因为所谓“易守难攻”是相对而言的。巴蜀相对于别的地理单元是易守难攻，那么巴蜀周围的地理单元针对巴蜀，也是易守难攻的。（见图 1-4）

假如让你穿越到古代，在四川盆地这个地方自立为王，又假设你的运气足够好，像三国的刘备那样顺势占据了与四川盆地北部隔大巴山相邻的汉中，然而你接下来能够率军出川逐鹿中原的可能性还是微乎其微。往西往南，面对着青藏高原和云贵高原，你只能徒呼奈何。

退一步讲，这两个地方，你去了也没有意义，因为当时的这两块地方，跟汉族传统农耕区的人口地理单元，都相距万里之遥。往东出川，只能靠水军，走长江或者汉水顺流而下，到江汉平原或者南阳盆地。然而一个最常见的结局就是，你在大娄山、巫山、秦岭这些高山峻岭之间的湍急水路上折腾上几个月，面对着激流险滩九死一生，结果刚刚来到平原地区，就被给养充足、以逸待劳的敌人一顿揍。当年刘备东征吴国，就是被年轻的陆逊这么教训的。

① 子午道：也称“子午栈道”。是中国古代，特别是汉、唐两个朝代，自京城长安通往汉中、巴蜀及其他南方各地的一条重要通道。因穿越子午谷，且从长安南行开始一段道路方向正南北向而得名。历代都有修缮和线路变化。东汉及唐时期，均一度成为国家驿道。

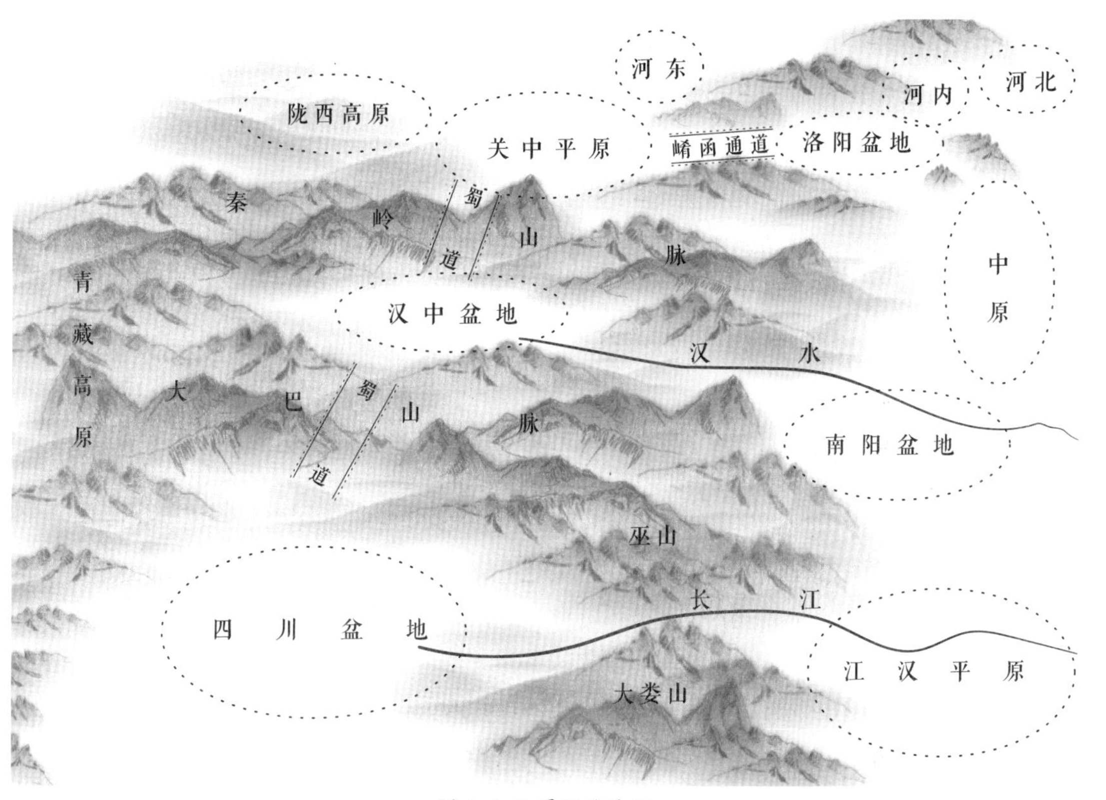

图 1-4 巴蜀周边地形

反之同理，大获全胜的陆逊也不敢进山沿江而上，西往四川追蜀军的穷寇。于是才有了刘备虽然打败，但依然不慌不忙地扼守在长江三峡附近的白帝城而托孤。那么这个时候的你，想来想去，只剩下北上一条路线，于是你的军队翻越了相对低矮的大巴山来到汉中。但是从汉中到关中，却又要翻越几百里更加高大更加崎岖的秦岭山路。而陆路和水路进攻的情况差不多，对汉中和关中来讲，谁防守谁有利。与其劳师远征，跑到对方的平原地区以身试法，还不如各自在秦岭的南北拒险自守，然后伺机而动。

总而言之，“蜀道之难，难于上青天”（李白·《蜀道难》）。从外部入川要过蜀道，但换个角度，出川一样要翻越蜀道，难度是一模一样。所以军队一旦进入四川盆地，往往自保有余，而攻势不足。在外部强敌入侵的关键时刻，能够选择撤退路线的情况下，进入四川盆地容易，但是再出川可就很难了。因此中国古代，撤进四川的军队，往往就沦为了偏安政权。即便作为千年智慧化身的诸葛亮，对于这种翻越蜀道而进行的北伐，也是一辈子一筹莫展。

总结起来一句话，唐玄宗的“幸蜀”，实质上是一种贪图享乐、祈求苟安的战略态势；转战关陇，北上河套，看起来所过之处都是荒蛮和苦寒之地，但只有如此，才会有卷土重来并最终翻盘的一线希望。

正因为如此，马嵬之变之后，太子李亨找到借口，不再跟随唐玄宗西行。转而分兵一半，挥师向北投奔朔方节度使（又称“灵武节度使”，其所在是今天的宁夏吴忠市）郭子仪，准备收拾残局，去实现自己重整河山的光荣理想。

而唐玄宗李隆基，则仓皇地到达宝鸡，从宝鸡过大散关，走陈仓道（见图 1-5）翻越秦岭到汉中，又从汉中出发，走金牛道到达四川盆地。

我想此时的唐玄宗心里，一定是百味杂陈。丢掉了长安、洛阳，大唐江山一片血红；一手栽培的太子李亨，终于因为政见的不同而同自己分道扬镳；之前发生的马嵬之变，更是让自己失去了一生之挚爱杨玉环。满目凄凉的唐玄宗，从此告别了自己一手开创的大唐盛世，转而进入晚景凄凉的老年时代。

第二年，太子李亨在灵武自称皇帝，遥尊李隆基为太上皇，史称唐肃宗。

不可否认，李亨的称帝对于他的父亲唐玄宗来说，意味着一种背叛，一种权力的更迭和斗争；但李亨的称帝对于当时的大唐军民抗击叛军来说，却有着难以想象的激励作用。大唐的平叛事业，从此迎来转机。

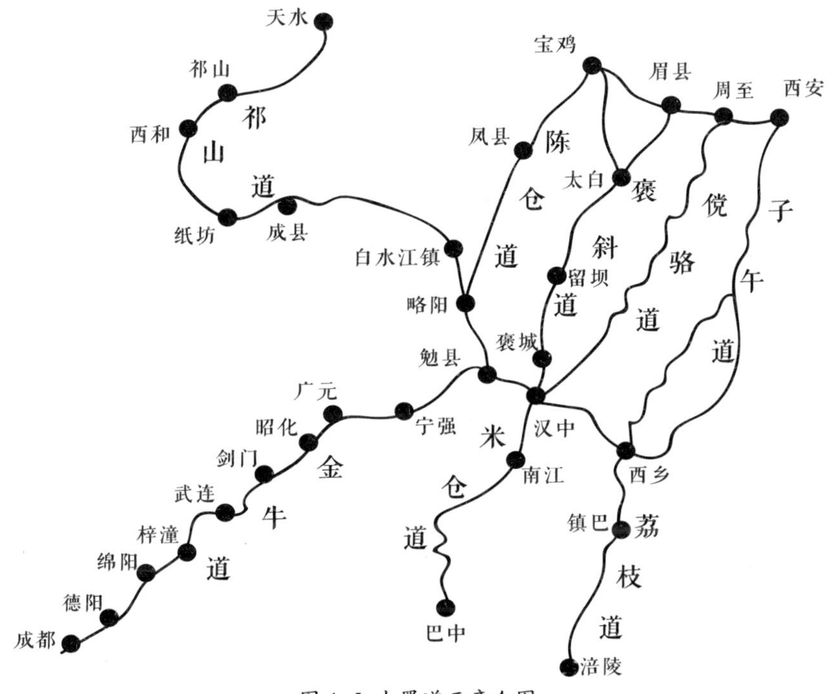

图 1-5 古蜀道示意全图

长安三大内

公元 757 年，唐肃宗李亨引来回纥（维吾尔族的前身）兵前来平叛。这个时候，叛军恰好又发生内乱，安禄山的儿子安庆绪杀了自己的父亲而自立为王，唐军借机收复了洛阳和长安。同年，唐肃宗李亨还都长安，其间为拥立李亨而立下大功的太监李辅国获得皇帝重用，加开府仪同三司，封郕国公。当时的朝臣奏报一般都需要先过李辅国的手，才能到李亨手中。

随后不久，李隆基也回到了长安。

此次回到长安之后，李隆基居住在兴庆宫。

先介绍一下当时长安城以及唐皇宫的基本情况。

唐代的长安城接近一百平方公里，人口最多时一百万，是中国古代也是世界古代史上的大型城市之一，面积是古罗马城的五倍、君士坦丁堡[①]的七倍。唐长安城不仅美在建筑格局，而且相关取水、排水、公共卫生等城市要素一应俱全，具备水平极高的现代都市居住要素。日本的多个古城，都原封不动地照搬了长安的建筑格局，甚

① 君士坦丁堡：是土耳其最大城市伊斯坦布尔的旧名。它曾经是罗马帝国、拜占庭帝国、拉丁帝国和奥斯曼帝国的首都。公元 330 年，罗马皇帝君士坦丁一世在拜占庭建立新都，命名为“新罗马”，但该城普遍被以建立者之名称作“君士坦丁堡”。在公元 12 世纪时，君士坦丁堡是全欧洲规模最大且最为繁华的城市。公元 1453 年，君士坦丁堡被奥斯曼帝国攻陷，此后成为奥斯曼帝国的新首都，再次繁荣起来。

至有的城门的名称都没有改变。

长安城内，兴庆宫是唐皇宫三大宫殿群之一。

古代一般把皇宫称为“大内”，而巅峰期的大唐则拥有三个“大内”——“西内”太极宫，“东内”大明宫，“南内”兴庆宫。同时，盛世的长安城还拥有东市、西市两个商业区。此外还有整整齐齐的一百零八个“坊”，也就是居民区。我们看当时大唐长安城的布局图，如图 1-6 所示：

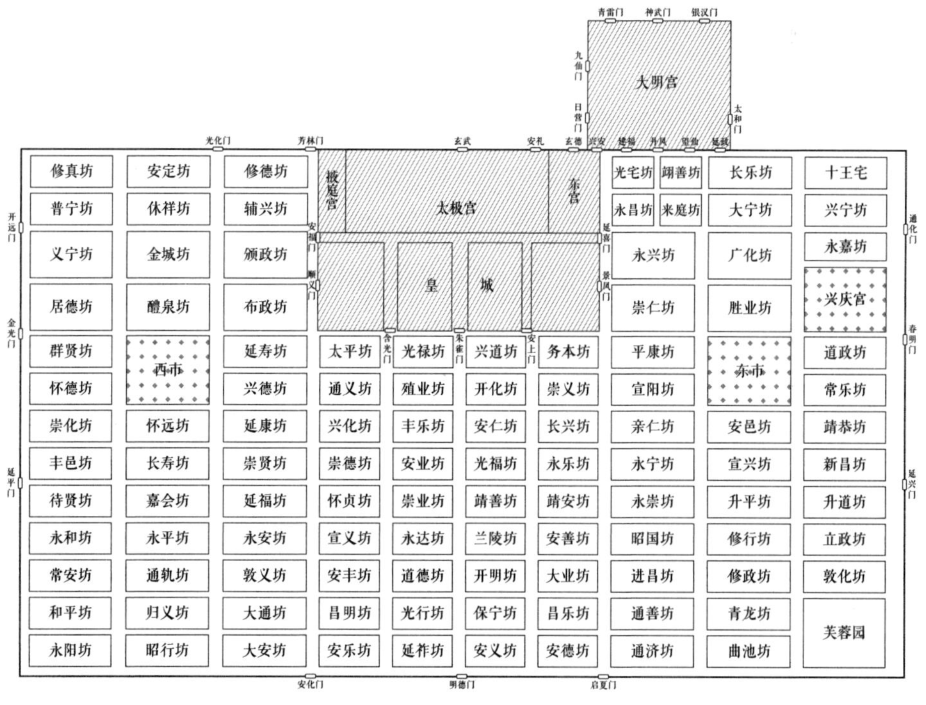

图 1-6 长安城布局图

太极宫和大明宫，是城中之城，都是以宫城的架构而存在的。宫城外有皇城，皇城外又有长安外郭城。为体现皇家的安全与威仪，太极宫和大明宫各自用高大的城墙与城门隔绝了皇宫大内与长安城民间的联系。比如我们在前文中反复出现的“玄武门”，太极宫有一个玄武门，大明宫也有一个玄武门（大明宫玄武门后来被改名为“神武门”）。前文提到的李世民兄弟相残的“玄武门之变”，就发生在太极宫玄武门；而大明宫玄武门，则见证了张柬之“神龙政变”，李重俊“缩水版玄武门之变”，以及年轻的三郎李隆基横空出世的“唐隆政变”。

比较特殊的所在，是兴庆宫。

兴庆宫的前身，是时任临淄王的李隆基王府。既是王府，则远远没有太极宫和大明宫两宫的那种肃穆森严，反而多了一些与民同乐的生活情趣。逢年过节，李隆基偶尔会站在自家王府的亭台楼阁上，对着长安城大街上的百姓们挥手致意，以体现皇家的亲民作风。后来登基称帝之后，李隆基依然念念不忘自己的临淄王府，带着自己心爱的杨贵妃长期居住在兴庆宫。因此，唐玄宗开元盛世年间，兴庆宫一跃而成为整个大唐帝国的权力中心。正因为如此，兴庆宫宫殿群，虽然外表最为普通，但装修却是三大内中间最为奢华的一个，也是让唐玄宗最为留恋的一个。

应该这样讲，长安三大内，唐玄宗的精神家园是兴庆宫。唐玄宗的少年时代在这里，唐玄宗和杨贵妃的爱情故事也发生在这里。相对于充满了阴谋与背叛、发生无数次政变的大明宫和太极宫，兴庆宫是一个更加亲民的所在。兴庆宫的地址，也恰好在长安最繁忙的大集市——东市的旁边。

回到长安的太上皇李隆基，经过反复权衡之后，选择入住了兴庆宫。

兴庆宫虽然已经被战乱洗劫得面目全非，然而这里的一草一木，依然能够让李隆基回忆起自己英武的青年时代、霸气的中年时代，尤其是能够时时勾起他对自己和杨贵妃那段纯真爱情的感怀。此时李隆基的身边，只剩下了忠心耿耿的老臣陈玄礼和太监高力士，此外还有李隆基的妹妹玉真公主。

陈玄礼，前文已经提到了，自从马嵬之变之后，这位天宝老臣一直忠心耿耿地追随李隆基的左右。我们看一下另外两位。

先说高力士。

高力士是广东人，本姓冯，早在武则天时代就已经入宫。后来在一众太监中表现突出的高力士，被大太监高延福收为养子，才有了“高力士”的名字。我们前文屡次提到的李辅国，没有发迹之前，在后宫追随和侍奉的人就是高力士。

同陈玄礼一样，跟了唐玄宗李隆基一辈子，高力士勤勤恳恳，不离不弃。

就像唐肃宗李亨信任李辅国一样，唐玄宗十分信任高力士，当时的奏章呈到皇帝面前，一般都是高力士代为转达。后来发展到李隆基自己处理大事，而很多小事则由高力士自行处理，不用特意经过皇帝了。所以李隆基才说——“力士当上，我寝则稳”（《旧唐书·列传·卷一百三十四》）。

值得一提的是，高力士协助李隆基批阅奏章，却并没有弄权，不仅如此，高力士还具备很高的政治嗅觉与政治素养。就拿安史之乱来说吧，高力士最早就已经预见到了边将拥兵太重带来的隐患，而且曾经就此专门提醒过皇帝，而唐玄宗却并没有把这件事情放在心上，之后才终于酿成大患。（上尝谓力士：“朕今老矣，朝事付之宰相，边事付之诸将，夫复何忧！”力士答曰：“边将拥兵太重，陛

下将何以制之，臣恐一旦祸发，不可复救，何得谓无忧也。”上曰：“卿勿言，朕徐思之。”《资治通鉴·唐纪三十三》）

唐玄宗信任的高力士，和唐肃宗信任的李辅国，恰好是太监中的两个极端。高力士忠贞不贰，李辅国心怀鬼胎。唐肃宗登基后，高力士最终被李辅国排挤并流放。多年以后，高力士离开京城，得知太上皇李隆基驾崩的消息，悲痛吐血而死。（至朗州，遇流人言京国事，始知上皇厌代。力士北望号恸，呕血而卒。《旧唐书·卷一百八十四》）

后世中国人，称高力士为“千古贤宦第一人”。

再看玉真公主。

道教在唐代受到朝廷崇奉，李唐家族的公主们出家做道士，在当时是大唐文化界的一种时尚。做道士，不仅仅是因为信仰，更是上流社会贵族女人们摆脱沦为家庭主妇而充分享受人间声色犬马的一种掩护。玉真公主，就是当时众多皇家女道士中的代表。开元盛世的时候，玉真公主作为玄宗一母同胞的亲妹妹，恃宠而骄，同当时的文化界名人王维和李白都曾经传出过绯闻。虽然已经失去杨贵妃，但有玉真公主这样的妹妹在身边，李隆基还能够经常感受到生命的美好，以及亲情的可贵。

年迈的李隆基，时常回忆起当年在兴庆宫的繁华景象，还有他同杨贵妃当年恩爱的每一个片段。他命人画了一幅杨贵妃的画像，张贴在兴庆宫，每当思念的时候，就驻足良久。

身死甘露殿

对于李隆基这样一个已经完全无欲无求的老人，唐肃宗李亨和大太监李辅国并不放心。父子之情有用吗？当然有用，由于成长环境的原因，李亨的性格中庸而缺少主见，很多时候处于游移和犹豫的状态。事实上李亨对于自己的父亲，还是充满了深厚而复杂的感情。但是，先斩后奏、乱世登基这件事，让李亨的心中无时无刻不对自己的父亲充满了戒备。

自己的父亲，同时也是自己潜在的政敌。更何况，朝野上下对于马嵬之变和后来灵武即位，充满了各种离奇的谣言与猜测。这让李亨不得不狠下心来，让这个老父亲永远同政治与权力绝缘。

大太监李辅国，对于皇帝的想法洞若观火，一清二楚。既然皇帝内心深处想让太上皇彻底接受退休状态，那么索性让皇帝不背负骂名，所有的恶人都由李辅国来做。刚刚回到长安的李隆基，尚且有三百匹马以资调遣，结果李辅国以李隆基僭越为借口，收回了其中绝大部分，而只给李隆基留下了十匹马；后来，李隆基想把杨贵妃的坟茔迁回长安，也被李辅国严词拒绝。

年轻时雄才大略的李隆基，晚景已经凄凉到了被一个太监颐指气使的地步。然而即便如此，李隆基在兴庆宫居住的这个事实，还是让唐肃宗和李辅国感到非常不安。因为兴庆宫没有高大的宫墙，反而有非常便利的通道，供各色人等进出。在李亨的眼中，文有高力士，武有陈玄礼，兴庆宫又无法在大内皇宫的有效掌控之下，如果老父亲李隆基另立山头，几乎是分分钟的事情。因此，公元760年，李辅国矫诏，要求太上皇李隆基移宫到太极宫的甘露殿，以方便监视。移宫之后，高力士被编了个罪名充军发配到巫州；陈玄礼被勒令出来继续为官，不久病死；玉真公主也被强拉去外面的道观出家。

此时的太上皇李隆基，真真切切地成了孤家寡人，身边居然没有什么能说话的人了。

公元762年。

此时的李亨，身体也慢慢变得不好。间或，李亨也会想起童年的自己，想起他眼中父亲当年那宽阔的肩膀，还有那种霸气和威严，当然更忘不了几十年中战战兢兢、如履薄冰的自己。他明明白白知道父亲已经病重，恐怕已是去日无多，然而李亨却始终没有鼓起勇气，去看望过太上皇他老人家。原因有两个：一则，李辅国从中捣鬼，阳奉阴违，导致父子间始终无法化解那种不可言说的隔膜；二则到后来，步入人生末年的李亨本人，也已经病入膏肓、寸步难行了。

李隆基一辈子生了59个孩子，却在茕茕孑立中走完77岁的人生旅程，死时，没有一个孩子在身边。同年，唐肃宗李亨也离开人世。唐肃宗这位乱世皇帝，前半生过得惶恐至极，后半生过得颠沛流离。在安史之乱第二年登上帝位，又在安史之乱结束前一年离开人世，是童叟无欺、如假包换的乱世皇帝。

多年以后，在太极宫甘露殿的遗址上，有人诵出了那首耳熟能详的唐诗——

寥落古行宫，宫花寂寞红。白头宫女在，闲坐说玄宗。（唐·元稹（zhěn）·《行宫》）

李隆基和李亨这对父子冤家，给后人留下了无尽的思索空间。

宋徽宗的父债子还

赵匡胤和赵光义，把一个极其严肃的皇帝工作交接，生生给弄成了娱乐圈的悬疑大片——烛影斧声。

400毫米的降水量线，对于传统中国来讲，恰好是半湿润地区与半干旱地区的区分点，也是古代农耕民族和游牧民族的天然分界线。

河东对于全国来讲，就相当于围棋中的一块“劫材”。

国家危难之际，所有的战略推演都是假设，只有热血沸腾、振臂一呼的勇气，才能够凝聚军民们的战斗力。

兄终弟及

与唐玄宗相比，宋徽宗是更加“高产”的皇帝，他生育的子女多达 80 个，其中有 38 个儿子和 42 个女儿。两个人的另外一个相似之处是，都曾经做过太上皇。然而，同唐玄宗最终在长安郁郁而终不同，宋徽宗的下场则更加凄凉。宋徽宗有如此之多的孩子，但他最终选定的接班人是最坑爹的儿子宋钦宗。两个人懦弱的基因一脉相承，最终酿成了“靖康之变”。我们先从宋徽宗开始讲起。

宋徽宗赵佶（jí）皇帝生涯的开始，充满着极大的偶然性。

宋徽宗的父亲宋神宗赵顼(xū)，是特别想有一番作为的皇帝，他在任期间推行的“王安石变法”，更是为后世所津津乐道。不过天不假年，宋神宗只活了 37 岁，就遗憾地告别了人世，以及他心中的帝国宏伟蓝图。宋神宗生前，他的皇后向氏没有生育，因此神宗没有嫡出的儿子，他的 14 个儿子都是嫔妃所生的庶子。在众多庶子之中，最终选定的继承人，是当时在世最年长的儿子——宋哲宗赵煦。

宋哲宗是个更加悲催的皇帝。他登基时只有 8 岁，长期被自己的祖母——太皇太后高氏（高滔滔）干政。高太后是北宋历史上一个很关键的人物，由于宋神宗英年早逝，导致王安石的新政戛然而止。高太后之后任用司马光[1]，对新政的主导人实施了反攻倒算。自高太后开始，北宋的党争愈演愈烈，大宋帝国开始进入衰败期。宋哲宗本人是一位颇有头脑的皇帝，但是也长期遭受高太后压制，后来完全沦为傀儡，就像一个空壳子的橡皮图章。被架空的皇帝好不容易熬到成年，结果 23 岁就病死了。去世的时候，宋哲宗甚至都还没有自己的儿子。没办法，皇帝继承人就只能从宋哲宗的兄弟里面来选。

兄终弟及，是中国古代社会一种非主流的皇位继承方式。一般情况下，兄终弟及考虑更多的因素是“国有长君，社稷之福”，也就是说，这种方式能够保证皇帝大位不会任性地交给一个幼童，进而出现皇权旁落给外戚、宦官，甚至最终崩盘的极端局面。然而，这种方式最大的弊端，是同辈继承违反了传统的嫡长子继承制，容易给平辈身份相同的众多皇族兄弟，造成继承人合法性的困扰，从而酿成更加血腥的皇室内斗。

前朝的兄终弟及，有顺风顺水的，比如三国的孙策和孙权就是平稳交接，保证了东吴孙氏政权的稳定，此后三分天下有其一；当然也有鸡飞狗跳的，比如本朝的赵匡胤和赵光义，把一个极其严肃的皇帝工作交接，生生给弄成了娱乐圈的悬疑大片——烛影斧声。这件事，成了北宋民间街头巷尾的谈资，后世历代的好事者竞相八卦，乐此不疲。

不过，宋哲宗的弟弟们，却并不存在这样的困扰。

---

① 司马光：（1019 — 1086 年），字君实，号迂叟。陕州夏县（今山西夏县）涑水乡人。北宋政治家、史学家、文学家。宋神宗时，因反对王安石变法，离开朝廷十五年，主持编纂了中国历史上第一部编年体通史《资治通鉴》。历仕仁宗、英宗、神宗、哲宗四朝，官至尚书左仆射兼门下侍郎。司马光生平著作甚多，主要有《温国文正司马公文集》《稽古录》《涑水记闻》《潜虚》等。

作为刚刚驾崩的宋哲宗的同父异母弟弟，端王赵佶只是宋神宗的第十一个儿子。然而，赵佶之前的十个哥哥，有九个已经不在人世。唯一一个在世，还能和赵佶形成竞争关系的候选人，是申王赵佖（bì）。然而申王赵佖，却患有非常严重的眼疾，看不见东西。

就这样，连续两代皇帝早亡，唯一的哥哥又是个盲人，赵佶意外而又幸运地登上了皇位。这一年，是公元 1100 年，宋徽宗赵佶时年 18 岁。

多才的皇帝

做皇帝之前的赵佶，已经是一位书法和绘画艺术的狂热爱好者。这一点，在他即位做皇帝之后，也丝毫没有改变，甚至还有愈演愈烈之势。

宋徽宗的左膀右臂之一，官至尚书左丞的蔡京，就是北宋时期著名的书法家。当时的书法界，有“苏黄米蔡”四大家的说法。而蔡家，无论蔡襄还是蔡卞，都远远比不上蔡京的书法出色。一直到今天我们依然能够看到蔡京的作品，比如《节夫帖》《宫使帖》等。

要说蔡京也是位老臣，年轻的宋徽宗做皇帝的这一年，蔡京已经年过半百了。应该来讲，蔡京跟宋徽宗压根就不是一个辈分的人，如果不是因为艺术上的这点共同追求，两人想来也很难玩到一起去。已经 53 岁的蔡京在官场上混得并不好，新皇帝一上任，他就接到一纸调令，被贬官到太原去了。后来，郁郁不得志的蔡京，画了一幅画，叫作《爱莫助之图》，而这幅画辗转到了宋徽宗手里，慧眼识英才的宋徽宗眼前一亮，蔡京这下才迎来了自己在大宋朝廷的春天。

宋徽宗的另外一个股肱之臣，是中国历史上第一个被册封为王的太监童贯。

童贯比蔡京的岁数稍小，但也是常年混迹于官场上的中年油腻大叔一枚。童贯擅长鉴赏各类金石玉器，是当时北宋一位出色的鉴宝专家。宋徽宗特意封童贯为自己的特勤供奉官，到处搜集各路名家的书画作品。童贯因为替宋徽宗搜罗江南的古玩字画有功，而被破格提拔。童贯把搜罗字画这件事情当成了自己的专业来做，因此也练就了一手好书法。比如说当年童贯曾经搜罗到发迹之前的蔡京的画作、屏风、折扇等不一而足，童贯就在画作上写上自己的评语，然后再转交给皇帝。凭着这股子对于专业知识的钻研精神，以及自学成才的成功欲望，童贯后来官运亨通，尤其是在帝国枢密院中掌兵多年。

换句话讲，包括宋徽宗本人在内，在当时北宋中央的最高权力机构中，居然少有政治家，反而是云集了一群艺术家。这样的政府机构，在治理国家时很难做到对症下药。更何况，蔡京和童贯这两位北宋高官，除了爱好艺术之外，还玩弄权术，卖官鬻爵，把朝野内外搞得乌烟瘴气、民怨沸腾。当时宋徽宗朝的大臣们调侃这二位奇葩，私下里把蔡京戏称为“公相”（公宰相），而把童贯戏称为“媪（ǎo）相”（母宰相）。

有了这二位宠臣的忠心辅佐，宋徽宗则腾出更多时间来考虑更高层次的问题。比如把有限的精力，投入到如何更加系统化、流程化、模块化地获取奇珍异宝、名家名作上面来。宋徽宗非常有创意地创造了一个叫作“花石纲”的物流方式。古代最为先进的物流方式莫过于水路运输，大宋也不例外。而所谓的“纲”，意思是指一个物流团队，一般来说十艘船就成为“一纲”。所谓“花石纲”，也就是专门运送花石的专业物流团队。

花石纲因为是皇帝特意督办的专业队伍，因此必须体现专业性，所以在花石纲经过的地方，当地百姓要提供沿途补给以及劳动力。当然，有时候为了让花石纲船队通过，全国各地拆除桥梁，或者卸掉城门的事情，也没少干。

作为北宋政权的团队带头人，宋徽宗在搭建自己团队的时候，考虑更多的不是专业性，而是凭借个人好恶来选择团队成员。而且在这个团队的指导之下，宋徽宗则更加肆无忌惮地按照自己的个人好恶来治理天下。

不专业的行政团队，带来的一定是不专业的施政效果。

公元1120年，大宋宣和二年，是宋徽宗执政的第20个年头。

中国的华北、江浙一带先后爆发了宋江和方腊起义。尤其是方腊的起义，以宗教名义来凝聚人心，发展力量。鼎盛时期的方腊势力，占据了今天的江苏、浙江、安徽、江西的大片地区，方腊起义的气势之盛，不亚于清朝的太平天国运动。

所有这些，都为宋徽宗政权敲响了灭亡的警钟。然而，作为国家最高领导人的宋徽宗却不以为然，在他眼里，官场风气败坏以及百姓民不聊生，都不能阻挡他在艺术道路上的苦苦追求。宋徽宗以官方的名义成立了“宣和画院”，自己更是参与运作，事必躬亲，培养了一大批著名画家，比如张择端。张择端的传世精品《清明上河图》，就出自宣和画院；宋徽宗本人的花鸟画，在艺术上已经达到了相当的造诣。一直到今天，还有很多国画爱好者，在临摹宋徽宗当年的作品。此外，宋徽宗还创造了一种新的书法流派——“瘦金体”。瘦金体的字体，笔法清奇，暗藏刀锋。一直到今天，我们依然认为，这种字体的确是不可多得的艺术上品。

宋徽宗的爱好十分广泛。他崇尚道教，称自己为“道君皇帝”，自己封自己为道教的教主。在此期间，宋徽宗发掘和整理了大量的道教典籍，成为后世道家的重要典籍；宋徽宗爱好茶道，整理并撰写了《大观茶论》，这本书也成为中国茶书的经典。

宋徽宗生性浪漫风流。他根据古籍记载，将赵宋皇室所有贵族女孩重新命名，把自己的公主们全部按照中国上古时代的说法，改称“帝姬”。公主以下的郡主、县主则分别改称“宗姬”和“族姬”。这是秦之后几千年的历史上，公主的称号唯一一次改名为“帝姬”；宋徽宗虽然有后宫佳丽三千，但他依然迷恋青楼女子。京城汴梁的花魁和名妓，宋徽宗雨露均沾。而在东京城内烟花柳巷的万花丛中，李师师独得皇上恩宠。为了李师师，宋徽宗居然同当时的词人周邦彦争风吃醋。不甘示弱的周邦彦因此专门写词挖苦皇帝，并曝光宋徽宗的床笫之事，成为当时娱乐圈一件极其狗血的新闻头条。

我们不妨来欣赏一下这首传说中的听床之作：

“并刀如水，吴盐胜雪，纤手破新橙。锦幄初温，兽烟不断，相对坐调笙。低声问：向谁行宿？城上已三更。马滑霜浓，不如休去，直是少人行。”（宋·周邦彦·《少年游·并刀如水》）

这首词虽然场景不雅，但意境不低，遣词造句更是不流俗。

应该来讲，有资格做宋徽宗情敌的，水平也不是一般人。

多才多艺、风流倜傥的宋徽宗赵佶，除了做皇帝不专业，其他的几乎样样都很专业。不过他忘了，皇帝才是他真正的职业，大宋政坛才是他展示自己的职场。皇帝这个职位全天下只有一个，没有正当理由不能辞职，不能退休，也没法跳槽。而且你还不能懈怠，你如果懈怠了，全天下有的是心怀叵测的人愿意取代你。三天打鱼两天晒网，是一定要出事的。而皇帝这个职业，只要出事，就一定是能够把天捅个窟窿的大事情。

一个典型的案例，是后来的灭辽之战。

幽云十六州

公元 1115 年，金太祖完颜阿骨打[①]建立金国，初生的金国充满活力，在军事斗争中屡败辽兵。而这个时候，历年来在同北方辽和西夏作战中没有占到过什么便宜的大宋，终于看到了趁火打劫的一点希望。如果在这个时候充分落井下石，配合金国一举灭掉辽国，则可以趁机火中取栗。如果运气足够好，甚至能够收回汉人的传统故土——幽云十六州。

前朝的五代，因为后晋儿皇帝石敬瑭的卑躬屈膝，幽云十六州在辽国的契丹人手中已经长达一个多世纪，这始终是大宋历任皇帝的一块心病。事实上，这不仅是一块心病，而且是关系到大宋帝国生死存亡的一件事情。

传统意义上的幽云十六州，又称为“燕云十六州”，在地理上是指长城以南的北京、天津和河北北部、山西北部等地区。打开一张地形图（见图 2-1），我们可以看到，在汉族及游牧民族之间的拉锯战中，幽云十六州的战略位置极其重要。这块区域，大概占据

① 完颜阿骨打：（1068—1123 年），女真族，虎水（今黑龙江省哈尔滨市东南阿什河）人。是金朝开国皇帝。天庆四年（1114 年），起兵反抗辽朝，收国元年（1115 年）正月，建国号“金”，年号“收国”，建都会宁府。同年十二月，加号大圣皇帝。在位期间，把猛安谋克制度改为军事行政组织。完颜阿骨打作为女真奴隶主的总首领，完成了建国、破辽两件大事。女真族的历史从此开始了一个新时期。

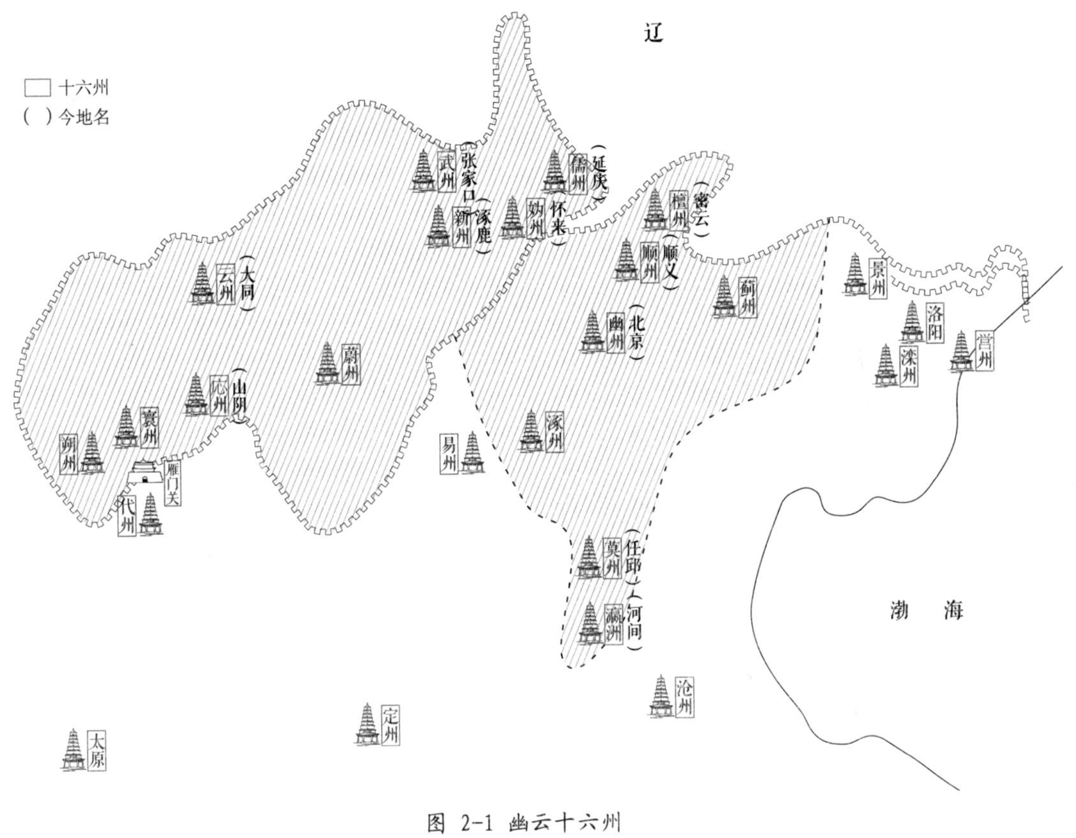

图 2-1 幽云十六州

了太行山山脉的北麓以及燕山山脉，是一块天然屏障。

如上，是传统教科书的叙述方式，然而我们读完之后还是一头雾水。从以上这张传统的幽云十六州示意图上，我们甚至看不出这块地方对于华夏民族生存究竟有何特别之处，只是普普通通的一大片国土而已。

那么我们换一个角度，重新来审视一下幽云十六州的战略价值。

先看一张中国全年 400 毫米的降水量示意图，如图 2-2：

图 2-2 中国全年 400 毫米的降水量示意图

400 毫米的降水量线，对于传统中国来讲，恰好是半湿润地区与半干旱地区的区分点，也是古代农耕民族和游牧民族的天然分界线。很显然，幽云十六州（黑色部分）恰好就卡在这条界限中间。也就是说，不同于我们之前讲到的秦岭、黄河、大巴山等天然屏障隔开了古代汉人的传统人口地理单元，幽云十六州实际上刚好处于游牧民族和农耕民族之间的拉锯区域，秦汉隋唐等汉人农耕文明强势的时候，幽云十六州就掌握在汉人手中，作为对抗游牧民族、保卫农耕文明的“桥头堡”；而当游牧民族意识到幽云十六州的重要意义之后，则农耕民族和游牧民族就注定会在这一线反复争夺。一句话，隔秦岭、隔黄河的争夺，无非是农耕民族的内讧，而上升到幽云十六州，则是纯粹的农耕民族与游牧民族生存权的厮杀了。

除了 400 毫米降水量线之外，幽云十六州之所以关键，还在于地形。也就是利用太行山北麓余脉，以及燕山山脉的群山组成的天然地理隔断，这样天赐的自然地理要素，为华夏民族创造了非常有利的战略态势。（见图 2-3）

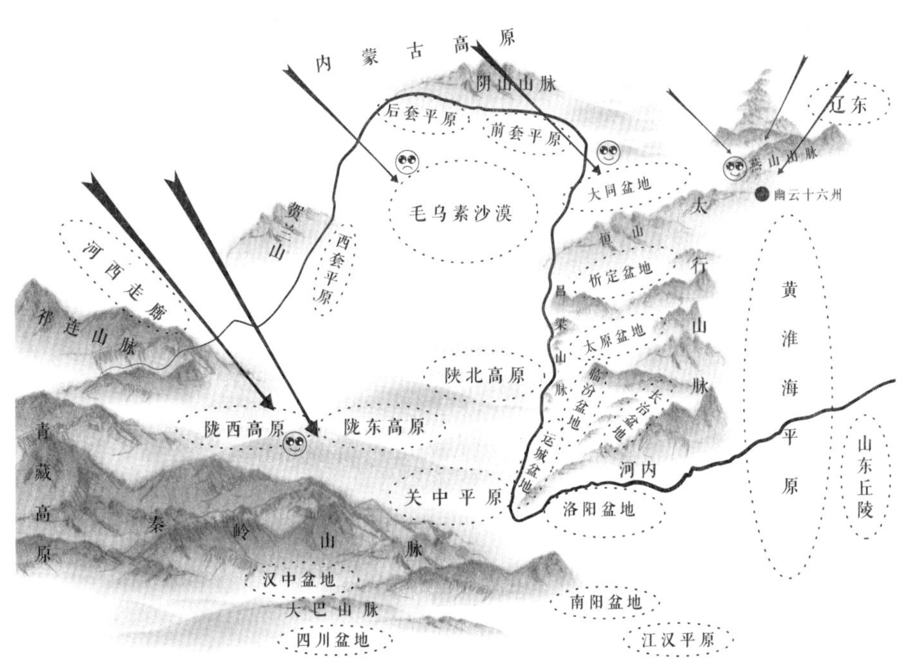

图 2-3 天然的地理隔断

长期以来，北方游牧民族对于农耕民族的威胁，主要来自正北和西北的草原文明以及东北的渔猎文明，这两个文明无论哪一个要逐鹿中原，都首先要考虑自己的行军路线问题。

我们从宏观来考虑，之前已经提到的华夏龙兴之地——关中是首当其冲的。关中面临的压力，主要来自陇西，无论是“踏破贺兰山缺”还是穿越河西走廊，进攻关中就一定要过陇西。当年足智多谋的诸葛亮，思来想去也是没有穿越秦岭正面进攻关中，而是转而走陇西，再从陇西图关中。所以，陇西是游牧文明在关中方向上的角力点。比如当年的犬戎，就是从陇西出发，一路打到了镐京（今西安市西南沣水东岸），从而灭亡了华夏民族的西周。

从陇西一直往东北方向走，过陇东之后，除了沿黄河的西套平原、后套平原、前套平原等小块绿洲之外，基本上都是千沟万壑的黄土高原，还有阴山以及毛乌素沙漠，这样的地理结构，极大地保证了关中在正北方向上的军事安全。

而从关中往东北过黄河，就到了华夏民族的河东地区。从图上我们可以看到，河东地区实际上是由无数个山间盆地组成的。前面讲到的李渊，就是从太原盆地出发，一路南下渡河，最终打进了关中。除东南部的长治盆地之外，河东地区的运城盆地、临汾盆地、太原盆地、忻定盆地、大同盆地，夹在吕梁山脉和太行山脉之间的这一连串小的山间谷地，像串糖葫芦一样，共同形成一个走廊式的单独的地理人口单元，成为华夏民族的传统农耕区，我们可以称之为“山西糖葫芦”。毫无疑问，游牧民族如果要对山西发动攻击，策马扬鞭跨越阴山山脉，那么云州（大同）将是他们计划中的第一站。我们放大了看山西这种独特的地理特点，如图 2-4：

图 2-4 “山西糖葫芦”

从山西再往东，翻越太行山，就来到了一望无际的黄淮海平原，之所以称之为“黄淮海平原”，而不是华北平原，是因为这一大片一马平川而又适合农耕文化繁荣发展的地区，实际从北到南无险可守。太行山以东，除了低矮的山东丘陵勉强算是一块屏障之外，其他如海河、黄河、淮河等天然界限，根本无力阻止北方骑兵的铁骑南下。所以，这块区域往南一直延伸到大别山一线，我们统称为“黄淮海平原”。（见图 2-5）

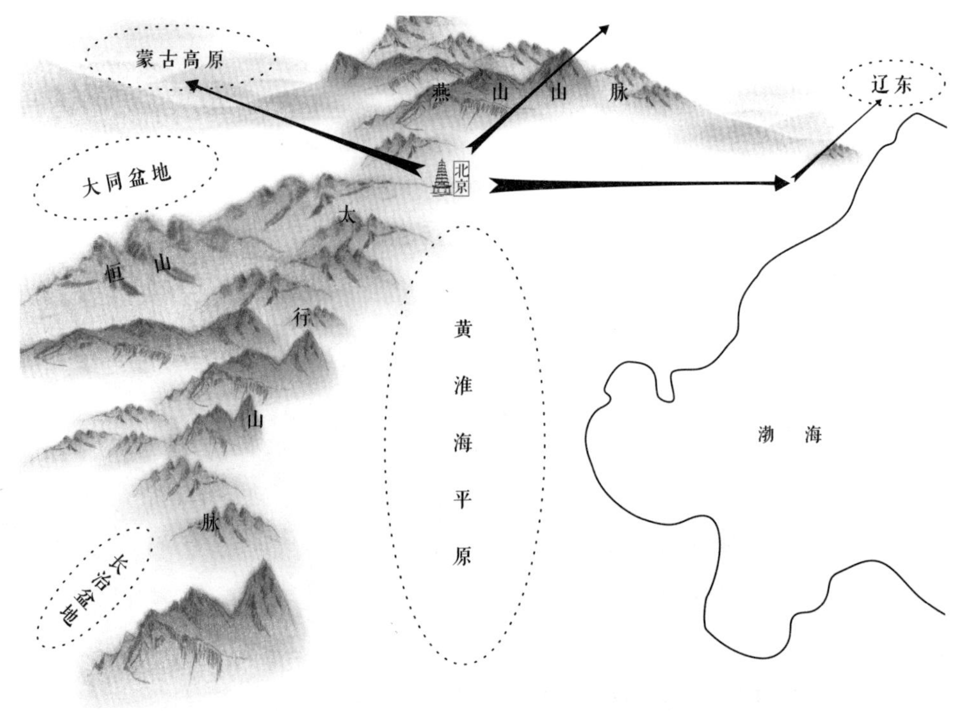

图 2-5 黄淮海平原

从图上我们可以清楚地看到，能够抵挡北方游牧文明的屏障就是燕山山脉。而抵抗的最前沿，就是北京一线。我们用更加精细的地图来看一下。（见图 2-6）

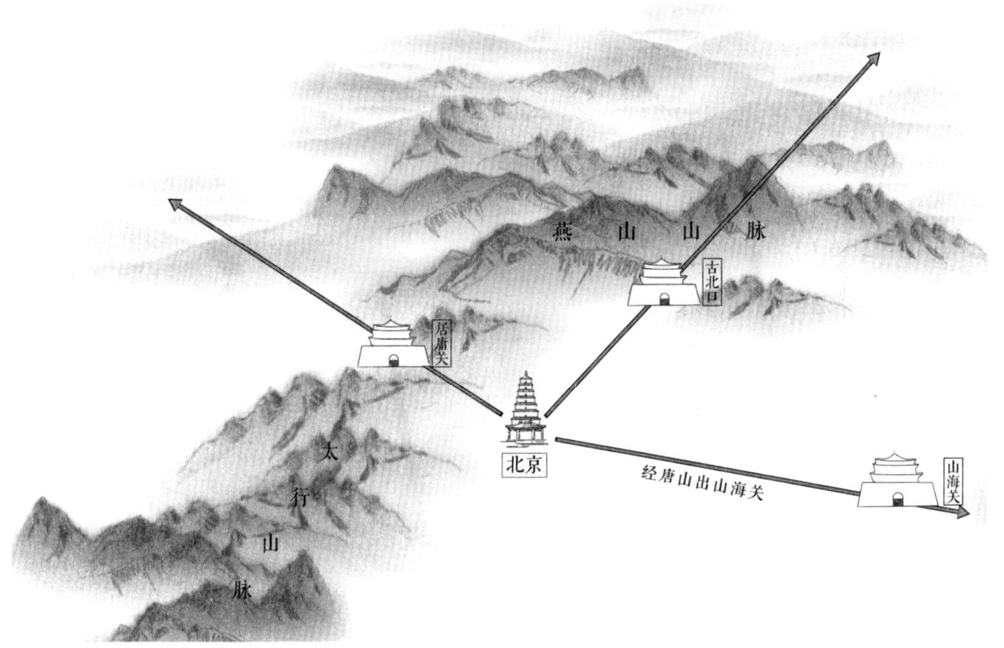

图 2-6 燕山一线军事防务

如图所示，从北京（幽州）来看燕山一线的军事防务的话，往西过昌平、居庸关[①]，遏制北方草原力量经过张家口地区往农耕区的渗透。后世的蒙古灭金之战，就是在居庸关附近进行了大量的军事行动。往北出密云、古北口，扼守华北的北大门，用以防备辽东地区渔猎民族可能的远程偷袭。这条路线，也正是明末清初，皇太极率领的清军，绕开正面战场袁崇焕的“关宁防线”，战略迂回对明

① 居庸关：是京北长城沿线上的著名古关城，“天下九塞”之一，“太行八陉”之八。关城所在的峡谷，属太行余脉军都山地，地形极为险要。居庸关与紫荆关、倒马关、固关并称明朝“京西四大名关”，其中居庸关、紫荆关、倒马关又称“内三关”。

帝国首都北京进行骚扰的路线。这次迂回，也最终导致了袁崇焕[①]人头落地。从幽州往东，也就是军事上最容易想到的一条路线——经唐山、秦皇岛，过山海关，就是出辽东的大路。

所以，燕山一线防守的重中之重，就是幽州，也就是今天的北京。

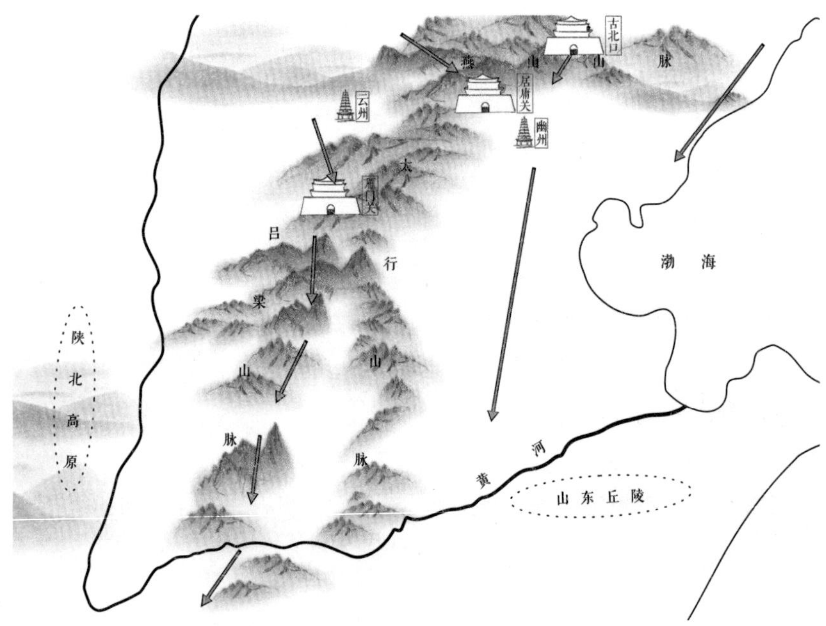

图 2-7 幽州和云州

云州和幽州，就像是两个水龙头一样，分别为农耕文明扼守着来自北方的游牧文明的袭扰。中间以太行山这个巨大的“屏风”为界，各自保卫着山西像一颗颗糖葫芦粒一样的小块盆地，以及黄淮

① 袁崇焕：（1584—1630 年），字元素，籍贯广东东莞石碣，通籍广西梧州。明朝末年蓟辽督师。于崇祯二年（1629 年）击退皇太极，解京师之围后，被魏忠贤余党以“擅杀岛帅（毛文龙）”“与清廷议和”“市米资敌”等罪名弹劾，皇太极又趁机实施反间计，袁崇焕最终被朱由检认为与后金有密约而遭凌迟处死。

海地区长达几千里一望无际的大平原。一旦阀门失守，则来自游牧文明的铁蹄，会像洪水一样一泻千里，分成东、西两路，对农耕文明进行劫掠和破坏。（见图 2-7）

综上所述，其实所谓幽云十六州，最要紧的是幽州和云州。

我们再回过头，重新研究一下山西的地形图——看起来连成一串的山间盆地，其实大同盆地和其他盆地之间，仔细看，是没有连在一起的。大同盆地和忻定盆地之间，隔着高大的恒山山脉。过恒山，就必须要过天险雁门关。所以，平面地图学历史的弊端就在这里。比如金庸的小说大家都在看，但是有多少人并不了解，恒山派的小尼姑们，其实一直以来就在萧远山跳崖的雁门关附近修行。而且不仅如此，当年八路军扬名天下的平型关大捷[①]、火烧阳明堡机场[②]，其实都发生在这里。

所以，即便云州失守，云州所在的大同盆地全部沦陷，实际上农耕文明依然可以退守雁门关，从而可以从容地布置第二道防线。而山西境内一个个串联在一起却又保持相对独立的山间谷地，则可以充分运用步步为营的战略方针，顽强地御敌于国门之外。反观幽州，一旦北京沦陷，则就意味着几千里的战线无险可守，农耕文明一望无际的大平原，将彻底沦为游牧文明纵横驰骋的疆场和杀场。

---

① 平型关大捷：是指 1937 年 9 月 25 日，八路军在山西省大同市灵丘县平型关附近，为了配合第二战区的友军作战，阻挡日军攻势，由 115 师师长林彪、副师长聂荣臻指挥，充分发挥近战和山地战的特长，首次集中较大兵力对日军进行的一次成功伏击战，八路军在平型关取得首战大捷，是八路军出师以来打的第一个大胜仗。

② 火烧阳明堡机场：是抗日战争时期，八路军为配合正面战场的忻口战役，在山西代县袭击日军飞机场的战斗。1937 年 10 月 19 日夜，八路军 129 师第 769 团在当地人民群众的协助下，隐蔽地进入代县南阳明堡飞机场，突然发起进攻，歼灭日军 100 余人，击毁击伤飞机 24 架，有力地配合了正面战场作战。

所以，如果“幽”和“云”之间作对比的话，更加重要的据点是幽州。

简单来讲，拥有了幽云十六州，进可以经略东北、内蒙古，退可以拒险自守，保住华北平原的汉人传统农耕区域。即便是敌人大兵压境，敌众我寡，那么有太行山和燕山群山之中的雄关漫道，也可以极大程度地迟滞游牧部落来去如风的骑兵，让中原王朝有充分的时间调集更多兵力，部署更大规模的反击。

前面讨论的是幽云十六州的气候和地理条件，我们还忽略了更加微妙的一点——幽云十六州，同时也是战马这种特殊军需物资的储备基地。

中国古代的传统马场有三个，凉州（今甘肃武威）、幽州以及云南。此时的凉州在西夏人手中，云南在大理人手中，幽州又长期为辽国所占据。当然，富裕的大宋人，往往可以用互市通商的方式，来从边境口岸获取良种战马。但是，由于土地利用率的问题，和平时期的大宋帝国，不太可能用大片的南方水田耕地，来维持一支庞大的骑兵常备军；而战端一开，战马这种特殊商品的贸易，就会像今天的石油、军火一样，在进口上受到战略竞争对手极大的限制。

正因为如此，北宋王朝的战马，无论数量还是质量都捉襟见肘，军队战备的侧重点在步兵而不是骑兵。以步兵为核心，大宋的军事科技工作者们，尝试了各种适合步兵的阵法战法，研究了最先进的筑城方式，还有主要用作近距离防守的火器等。也就是说，北宋军队擅长防守而不是进攻，擅长城防而不是野战。缺少良种战马，是导致这一后果的原因之一。

无论从哪个方面讲，幽云十六州的问题，都让北宋政权如坐针毡。

为了幽云十六州，即便是再渺茫的赌局，也值得一试。况且，年轻的大金朝气蓬勃，宋金合力，老迈的辽帝国几乎是败局已定。

对于宋帝国来讲，这是一次千载难逢的好机会。

海上之盟

公元1118年，宋徽宗派人走海路，绕开北方辽国统治区域，辗转到达金国，同金国商议一起灭辽的计划。同时约定事成后将辽国土地一分为二，大宋的如意算盘，自然是想要拿回幽云十六州。作为火中取栗、落井下石的代价，大宋承诺将原来给辽的“岁币”（合计每年三十万匹布、二十万两银），“过户”移交给金国。这个事件，史称“海上之盟”。

也就是说，大宋这间老字号店铺虽然生意很红火，不过常年被几个黑帮小混混勒索保护费。如今黑社会里面出现了更大的一个新黑帮，新的黑帮向老的黑帮叫板，马上就要发生黑吃黑的火并。大宋老字号忙不迭地投靠新黑帮，商量联手灭掉老黑帮，而且承诺以后保护费交给新的黑帮。

仔细分析一下，其实除了岁币这件事情比较让人添堵之外，宋徽宗这次“海上之盟”的决策在战略层面，是没有太大问题的。

首先，金灭辽只是时间问题，而大宋不管插不插手，之后都要直面金国的军事压力。也就是说，大宋可以假装不知道，但新黑帮一旦取代了老黑帮的位置，那么就一定会来找大宋谈保护费的事情；其次，收复幽云十六州这件事情，实际上是从大宋开国皇帝宋太祖赵匡胤以来的既定国策。正如前文所分析的，幽云十六州的问题是关系到大宋社稷安危的问题，幽云十六州不在自己手上，就如同河流上游的大坝在别人手中一样，放不放水或者什么时候放水，都是别人说了算。退一步讲，即便是当时大宋的决策是“联辽抗金”，而不是“联金灭辽”，那么不管胜败，对宋也是没有任何好处的。如果“联辽抗金”得胜，因金和宋之间隔着辽，那么宋也无法占据金国更多的领土；而一旦失败，那么宋除了应该上交岁币给辽、西夏之外，同时可能会再多交一份岁币给金。所以，问题不在这个盟约本身。实质的问题，是出在了后边对“海上之盟”的落实上。

公元 1120 年，按照海上之盟的约定，金太祖完颜阿骨打挥师南下，发动灭辽之战。大宋则派出了媪相童贯率领的 20 万大军北上伐辽，配合金军两面夹攻。出人意料的是，辽军虽然在金军面前兵败如山倒，在宋军面前却像是打了鸡血一样神勇。童贯带领的宋军，军心涣散，没有战斗力。围攻燕京（幽州）多日却迟迟无法得手，反而被辽军修理得狼奔豕突。到最后，还是依靠金军的力量攻下了燕京。

经过这一仗，金太祖完颜阿骨打渐渐明白了两件事情。第一，有一个猪队友，其实还不如没有；第二，金军打辽军，就像是大人打小孩。而宋军打辽军，居然像小孩打大人。那么再往深处想，金军打宋军呢？大人摔婴儿？

不怕不识货，就怕货比货，因为货比货得扔。

一场战争，宋军没有捞到任何便宜，反而将自己的真实实力，活生生暴露在了金军眼皮底下。

公元 1125 年，辽帝国被灭，全境被金军占领。辽末代皇帝天祚帝耶律延禧仓皇出逃，之后被金兵俘虏。已经杀红眼睛的金军将士，迅速将血迹未干的刀锋对准了大宋。

然而，即便是蛮族开战，也是需要借口的。

金国的政客们，突然想到了两年前的“张觉事件”。

张觉，辽国汉人将领。辽金之战前，镇守平州（今河北卢龙）。随着辽金战争的形势发展，张觉审时度势，叛辽投金，被金国加封为平州知州；不过，随后不久张觉就改变了想法，作为一个汉人，既然选择了当叛徒，那就索性一叛到底，索性让自己的叛徒事业升华到民族大义的高度。所以，在叛辽投金之后，张觉很快又叛金投宋。

对于这样一种军事对峙中的突发事件，大宋的政治选择显得过分犹豫和迟疑。事实上，张觉事件不仅具有军事因素，而且具有很强的政治外交因素混杂其中。大宋先是大张旗鼓地欢迎张觉投诚祖国，然而就在同一年，首鼠两端的大宋政府，却又在金军强大军事压力之下屈服，斩了张觉纳投名状。将张觉的项上人头，作为宋金继续保持和平关系的伴手礼。

“张觉事件”影响的恶劣之处在于，宋金曾有约定，不可收纳降将，宋朝违反约定在先。而中国北方不管是辽国还是后来的金国，他们的土地上都生活着大量的汉人百姓。这些汉人百姓虽然被异族统治，但是实际上绝大部分都认同大宋的汉人正统。比如十几年后的辛弃疾，虽然出生在金国，但是终其一生，他都在为南方的宋朝效力，致力于推翻金国在北方的异族统治。所以，面对张觉这件事情的处理，大宋朝廷要么不接受投诚，要么就干脆厚待投诚的汉人同胞，以收买当地百姓的人心。然而最终，大宋朝廷却接受投诚，又怯懦地将张觉斩首。

这件事怎么看都像是金国硬生生地让大宋朝廷吞了一只死苍

蝇。事情到这一步，大宋朝廷只能是哑巴吃黄连，有苦说不出。

然而，在当时辽军一败涂地的节骨眼上，携灭辽之势的金国虎狼之师，又把张觉事件旧话重提。

金军南下

公元1125年，以两年前的“张觉事件”为借口，金军兵分两路，南下伐宋。西路军完颜宗翰（粘罕）率六万人马，走云州（今山西大同），下山西；东路军完颜宗望（斡离不）也率六万人马，走平州（今河北卢龙），席卷华北。

如今南下的女真金国，绝对不是当年的契丹辽国。

契丹辽国当年手中紧握幽云十六州，这是契丹人对北宋作战的基础。以幽云十六州为基础，契丹人是有整体战略布局的。契丹人在云州方向一直是似防守态势为主，甚至当年宋太宗赵光义时代的雍熙北伐，潘美、杨业北出雁门关参战，还曾经短暂地光复云州；而在幽州方向，契丹人则是有限的进攻态势。当年契丹和宋在华北平原拉锯的军事分界线，就集中在今天河北的拒马河（今白沟河）一线。宋军北上进攻，最远也不过到了幽州以南的涿州（今河北涿州）附近；而辽军南下，最远也不过到了澶州（今河南濮阳）。

手握幽云十六州的天胡牌，当年契丹人并没有把这个优势发挥到极致，原因有三。

1. 幽云地区契丹人立足未稳

五代辽宋夏金元，其实相当于一个对于汉族的大乱世，因为作为中原王朝主体的汉族人，不能够完全一统传统汉人的农耕区。所以在这个阶段，汉人以及汉文化本位意识受到极大冲击。契丹辽国恰好诞生于大唐之后，那个时候的汉人还比较在乎“华夷之辨”。幽云十六州这些地方的主体民族一直都是汉族，契丹对这些地方的掌控，当时还无法做到得心应手。甚至在北宋北伐的当口，比如柴荣北伐时期，后来北宋的高粱河之战，雍熙北伐时期，中原王朝所到之处，大批辽国汉人官兵，无不望风而降。

2. 辽、宋两强对话

辽太祖耶律阿保机为契丹辽国奠基，后来五代时期的耶律德光把契丹人的势力范围发展到了极盛。后来又有萧太后、耶律隆绪母子二人薪火相传，才有了辽国前期的雄霸东北亚。然而要知道同时期的赵匡胤、赵光义兄弟二人也没闲着，二人崛起于五代，跟着柴荣南征北战，后来又摧枯拉朽地统一了全国大部分地区。所以你辽国开国时期斗志高昂，刀头舔血，快意恩仇；我大宋也是开国，我的牺牲精神也不差，我也是打天下的主儿啊。就这档子骨气，甚至到了三帝宋真宗时，也能被寇准掐着脖子御驾亲征。步兵确实打不过骑兵，但至少我在士气上从来就不输你。

然而相比之下，在女真金国兴起之时，形势就完全不同了。女真金国在金太祖完颜阿骨打和金太宗完颜吴乞买统治时期，正是其创始阶段，无论政治还是军事都是极盛，外交上也是咄咄逼人的。而同时期的北宋，皇帝们则早就没有了先祖们的血性，政事和军务上也都日趋糜烂了。

3. 契丹辽国对于幽云地区的小偷心态

最后一个原因就比较微妙了，因为当年辽太宗耶律德光得到幽云十六州，实际上是趁着中原地区战火不断，对后晋石敬瑭采取了讹诈的手段。这一点，即便是契丹人自己也毫不讳言。甚至在辽穆宗耶律璟时代，柴荣起兵北伐，势如破竹的时候，耶律璟一度不闻不问。不仅置之不理，耶律璟还跟自己的大臣解释说，那地方本来就是人家汉人的，人家现在拿回去了，也就拿回去了呗。而且后来得到了幽云十六州的耶律德光，对后晋依然不依不饶，发兵南下灭了后晋。然而，出尔反尔的耶律德光就在凯旋的路上暴死。所以，冥冥之中，契丹人对于这个坎儿还都是记忆犹新的。

不过，相比当年的辽国，女真金国人这一次南下，是一点温情、一点余地都没有留的。这一次的战略十分清晰，就是灭亡大宋。为了实现这个战略企图，金国西路军和东路军约定好在北宋的都城东京汴梁会合。而为了防止宋朝的皇帝逃跑成立傀儡政权，金国人为西路军还量身打造了釜底抽薪之计——西路军先拿下太原，再攻取洛阳，拿下洛阳切断了北宋的西逃四川之路，然后再和东路军会师于汴梁城下。

两路出击，看起来符合我们的常规地缘分析，但这一次金国人的两路出击，实际上是一条绝后计，是要把北宋两手捏住再揉碎的节奏。

河东劫材

我们先看完颜宗翰这一路。

这一路显然并不好走，金人的战略判断是有失误的。

我们打开前文已经分析过的这张图——“山西糖葫芦”。（见图 2-8）

说起来，幽云十六州显得很大，其实就“山西糖葫芦”而言，金国人手中无非是手握“山西糖葫芦”中的大同盆地。而大同盆地隔着雁门关，南边的忻定盆地和太原盆地，统统不在金国人手中。在忻定盆地和太原盆地之间，则隔着一座石岭关。当时的石岭关，对于北宋来讲，也是一个掐着命门的地方。

我们再往南看太原。

太原这座城市，从纯军事角度考虑，地理位置好得有点离谱。太原盆地居于“山西糖葫芦”的正中央，向北威慑大同盆地、忻定盆地，向南控制临汾盆地和运城盆地。而太原这座城市，西、北、东三面靠山，南方靠水，易守难攻。

宏观来看，太原西面南面，是大宋的地盘。况且往西是吕梁山区，这里基本上不会有大的外敌入侵；往北，我们刚才说了，有一座天险石岭关；而从太原往东一路走到太行山，东出太行到华北平原就必经“井陉”。过了井陉，就是一望无际的黄淮海平原。

图 2-8 “山西糖葫芦”中的关口

所谓的“陉”，是自然景观，指的是山脉中断的地方。太行山脉非常巍峨也非常险要，我们前文说了，它就像巨大的屏风一样分开了河东与河北。太行山虽然险要，但天然形成的山脉中断很多，这些地方就是兵家必争之地。八百里太行，非常有名的“陉”有八个——军都陉、蒲阴陉、飞狐陉、井陉、滏口陉、白陉、太行陉、轵关陉。（见图 2-9）这八个“陉”加在一起，合称“太行八陉”。而只有“陉”还不算完，在天然形成的陉的基础上，后人因为军事需要又修建了

“关”。比如在军都陉，就有人工修筑的居庸关；而在蒲阴陉，就有紫荆关。

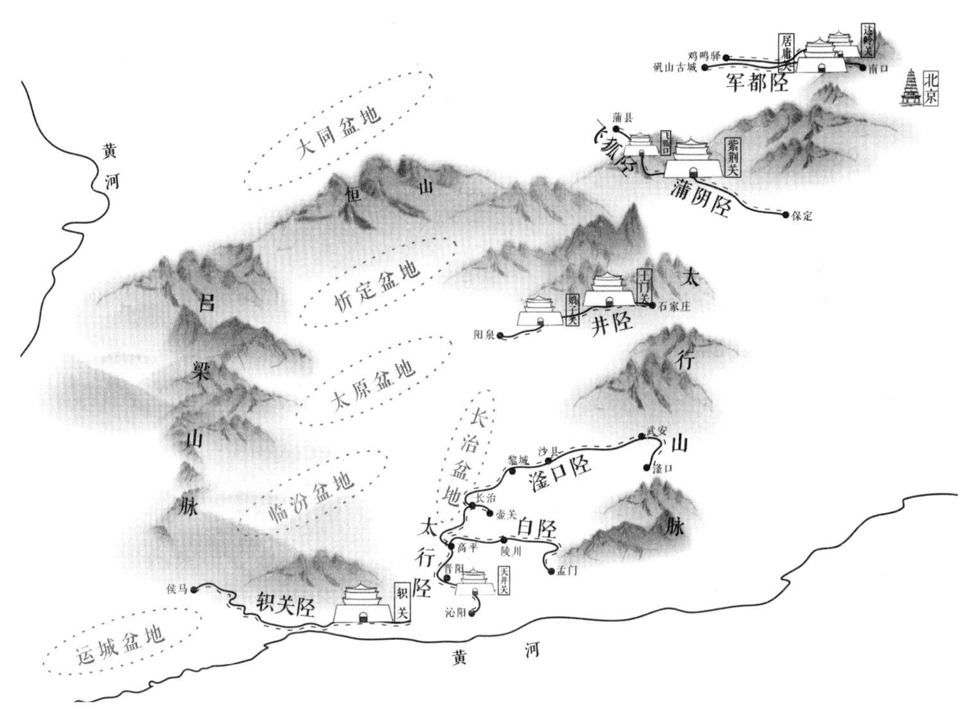

图 2-9 太行八陉形势图

与之相类似，井陉的旁边，后来到了明代就修筑了“娘子关”。

所以从太原出发，东出太行到华北大平原，经常被叫作“东出娘子关”。

战国以后，历朝历代在河东起家或者称霸的实力派，无不以太原作为自己起家的中心，进可以逐鹿中原，退可以闭门自保。逐鹿中原的比如李渊父子，闭门自保的比如近代的阎锡山[①]。

往远处说，当年春秋战国时期，那是最早的晋阳保卫战。晋国的智伯瑶曾经带着魏韩两家的魏桓子、韩康子，一举包围了赵简子的晋阳城（太原城的前身），一围就是两年整，攻城军队甚至最后掘开了晋水，大水倒灌晋阳城，都没有让这座城市屈服。

往近处说，当年北宋起家，宋太祖赵匡胤持续 12 年，四次兴兵进攻北汉，然而却均以失败告终。北汉这个被契丹人保护的傀儡政权，由于太原这座大城的存在，顽强地在后汉灭亡之后，依然坚挺了 28 年之久，而其前身后汉仅仅存活了 4 年。五代十国，十国大部分都在南方，北汉是十国中唯一存在于中国北方和五代相抗衡的政权。

正因为如此，北汉被灭之后，效仿当年的隋文帝毁掉邺城，赵光义索性一把火烧了晋阳城，而在晋阳城的城东另建新城。而且无论称太原还是晋阳，名字听起来都太过响亮，所以北宋有很长一段时间里，都称呼新太原城为一个不伦不类的新名字——“紧州”（“平刘继元，降为紧州，军事，毁其城。”《宋史·志·卷三十九》）。

不仅如此，我们放眼全国来看。

古代的河东，即今天的山西，就是我们前文所说的表里山河——“山西糖葫芦”。地理位置就好比围棋术语中的“劫材”。所谓“劫材”，顾名思义，就是用来打劫的材料。是指黑棋白棋双方都把对方棋子围

① 阎锡山：（1883—1960 年），清末民国时期重要政治、军事人物，晋系军阀的首领。中华民国陆军一级上将，字百川，山西五台县河边村人。民国六年（1917 年），兼任山西省长，民国十六年（1927 年）任国民革命军北方总司令。抗日战争时期采取两面政策。民国二十二年（1933 年）8 月 1 日，他正式创办了对山西现代工业发展影响深远的西北实业公司，并出任总经理。1949 年 4 月逃离山西，后赴台湾，1960 年病逝于台北。

住的局面下，如果轮到白下，可以吃掉一个黑子；如果轮到黑下，同样可以吃掉一个白子。也就是说，这个地方，我先拿住我就吃你，你先拿住你就吃我。

之前我们曾经说过，四关拱卫的八百里秦川，只有河东方向是关中的地理大BUG，李渊就是乘中原大乱的机会，一举渡黄河创立大唐；而对于一马平川的华北平原来说，地势较高的“山西糖葫芦”是一个天然的地缘敌人。谁要是占领华北而无法占领山西，那就等于是在自己头顶上悬了一把利剑一样。居高临下打你容易，你要是逆势杀进山西，那就太难了。平原建大城的方略，在隋朝大运河兴起之前，也必须背靠太行才可以建得安心，比如后文即将讲到的邺城的选址和建都。

西方和东方我们都考虑到了，那么从河东向北，出居庸关就是北京。向南，翻过王屋太行就是河内，与河内隔河相望的就是洛阳盆地和中原之地。从河东南出“太行八陉”，便可居高临下，虎视中原。在太原建都的政权，往往能够凭借地缘优势同中原政权相周旋，而且从长远来看还不吃亏。比如晚唐的乱世双雄李克用和朱温之间的恩怨，最后也是以太原的李克用父子前赴后继，耗死了朱温的后梁而告终。

那么真相已经水落石出。

中国古代政权的建都选择，早期在关中，后来是河北和中原，再后来北上到了北京。我们站在河东（山西）的角度来看全国形势，其实感觉好极了。中国几千年的建都选择，无非是在以太原为圆心，以不到500公里的半径画圆而已。（见图2-10）这个半圆中，长安是十三朝古都，洛阳是九朝古都，开封是七朝古都，邺城是六朝古都，北京就更不用说了。最为要命的是，河东之地无论对哪个首都，都存在地缘上的巨大优势，分分钟就可以倾泻而下。

我们前文所讲的，关中地理的大 BUG，以及这一节提到的太行八陉，其实就是从山西，或者说从太原出发席卷全国的通道。只要关起门来，山西就是一块威武雄壮、易守难攻的表里山河。而只要从山西出了这些险要的陉、关隘、渡口，就是鱼跃龙门、鹰击长空。当年李渊建国是这样，后来的安史之乱是这样，再后来的后唐灭后晋、李自成灭明也是这样。

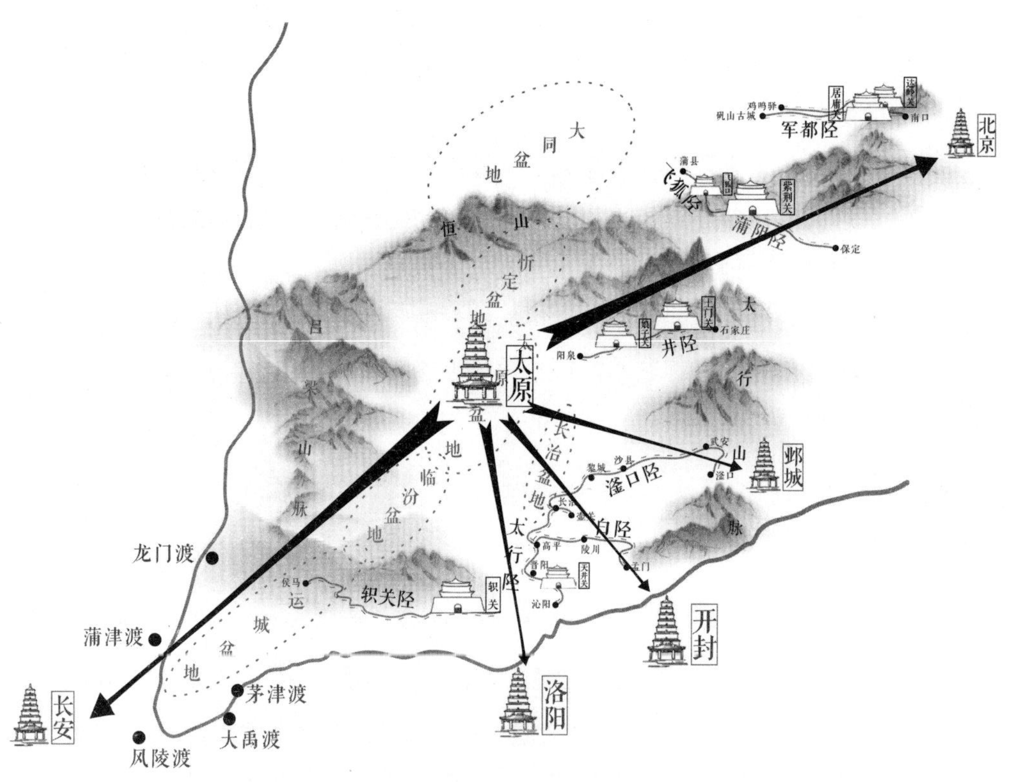

图 2-10 中国古代以太原为圆心的建都习惯

所以，就中国古代而言，如果不想在南方定都，偏安一隅，就必然选择在北方定都，而在北方定都，就必须取河东。取河东未必是为了建都，但建都就需要顾虑河东。取河东是战略要求，是不得不做的一件事情。

河东对于全国来讲，就相当于围棋中的一块“劫材”。这块劫材拿到手并且用好了，就能拱卫全国，进可攻退可守；而这块劫材如果落到了外敌甚至是异族手上，那么从此你就不可能睡个安稳觉了。

河东是全国的劫材，而太原也就是河东的劫材。

艺术家们的选择

防守太原城的，正是我们的老熟人——童贯。

童贯时任陕西、河东、河北宣抚使。所谓宣抚使，最早是朝廷设置的派朝官巡视地方的一种钦差大臣性质的临时官员。早期宣抚使的职责较多，巡视灾区，开仓放粮，治理水灾的事都干。不过到了宋代，宣抚使基本集中在军事这个功能上，是由朝廷选拔的派往地方的统兵大员。当时童贯这个宣抚使权力非常大，而且在朝廷明面上赋予的权力背后，童贯混迹官场尤其是军界多年，个人积攒的人脉也很多。

当时童宣抚使的行政中心，就设置在太原。

童贯手里的底牌，不仅是一座坚固的城池，还有他的亲军——胜捷军。胜捷军是童贯在负责西北战事的时候，为自己招募的部队，这支部队的人数保持在几万人左右，而且战斗力也还是相当不错的。

太原城、胜捷军、朝廷的任命、强大的调动资源的能力，这只是我们在牌面上看到的童贯，实际上童贯本人并不这么想。

童贯满脑子都在想一件事——逃跑。

童贯之所以想临阵脱逃，是因为宋军一触即溃，雁门关、石岭关这些雄关根本挡不住完颜宗翰的铁骑。短短不到两个月，金军连下朔州、武州、代州、忻州，一路杀过了忻定盆地，直奔太原而来。

这些年来，童贯一直在带兵，无论过程还是结果，童贯一直都混得风生水起。就过程来看，童贯保命的功夫一流。就结果来看，童贯打得赢的仗，都上报朝廷请赏了；打不赢的仗，只要能够在述职报告中说成是打赢了，也都上报朝廷请赏了；实在打不赢，又汇报不赢的仗，童贯也都大事化小了。

但是金兵这次根本就不按套路出牌，这一次分明就是要见血，要玩命来的。跟之前的辽国和西夏相比，金兵打的根本就不是同一类型的战争。

作为军人，自有军法伺候。所以童贯想不想逃跑是一回事，敢不敢又是一回事。而童贯之所以敢临阵脱逃，是因为他知道就在东京汴梁的皇宫里，他在艺术道路上的同路人宋徽宗也在这么想，他们心有灵犀。

临行之前，太原知府张孝纯说："您走了，河东就丢了，河东丢了，河北也就丢了。"童贯大怒："我是宣抚使，我不是守土的；你是知府，你才是守土的。"（"贯受命宣抚，非守土也。"《宋史·列传·卷二百二十七》）于是，守城的领头人变成了太原知府张孝纯，还有童贯的副手王禀。

公元1125年，宋徽宗宣和七年十二月初八，童贯仓皇逃出太原城。

十天之后，金军的前哨部队抵达太原。

出逃的童贯，直奔汴梁而来。

此时的汴梁城中，一片恐慌。

朝堂上，主战派和主和派激烈地争论着；朝堂下，前线的战事消息像雪片一样飞回都城。普通皇帝面对如此的危局，一般都会有两个本能的反应，——"战"或者"和"，接下来一定是召集大臣们来讨论这两个选项。主战派和主和派，不管出于何种政治目的，一定会进行“战”与“和”之间的辩论，各陈利弊。最后，综合各方意见，皇帝拍板决策。

不过，这是普通皇帝才干的事情，宋徽宗不是普通皇帝，是文艺皇帝。文艺皇帝天生想法比较多，想象力比较丰富。宋徽宗并没有仔细推敲过如何来处理危局，因为在他的心里，除了战与和之外，还有第三条道路，那就是逃避。就像一只鸵鸟，遇到危险，他就会习惯性地将头埋在沙子里。宋徽宗的逻辑是，只要是我看不见，那么这件事情就等于根本不存在，所以也就不会有那些糟心的恐慌和无奈。

皇帝假装看不见，但大宋朝廷的官员们却无法逃避。

关键时刻，时任太常少卿的李纲站出来了。李纲是一个文人，却是一个坚决的主战派。在此后很多年李纲的大宋政治生涯中，他时而会欠缺军事指挥能力，时而会呈现出文人般的天真和迂腐，但李纲从来不欠缺的就是勇气。而当国家危难之际，所有的战略推演都是假设，只有热血沸腾、振臂一呼的勇气，才能够凝聚军民们的战斗力。

或许是受到了当年李隆基西逃四川、李亨北上灵武称帝并最终平定安史之乱的启发，李纲提议，宋徽宗传位给太子赵桓，以激励士气，招募天下英雄勤王。

这个时候的宋徽宗，已经张皇失措，顾及不了那么多了。

传位可以，招募天下英雄勤王，这事对于皇帝来说就太危险了。

艺术家要是死在战场上就太可惜了，要献身也应该是为艺术献身，所以当前只要能够保命就好。做一个太平皇帝自然舒服不过，但战端一起，莫如眼不见心不烦，卸下一身重担，一走了之。打定主意的宋徽宗，下诏传位给自己的太子赵桓。

童贯马不停蹄赶回东京汴梁的时候，新皇帝的工作已经交接完毕了。

新皇帝宋钦宗并不熟悉政务，在他的心目中，那个能征惯战的老帅童贯，很有可能是自己的一根救命稻草。之前还担心没人主动请缨守京城，结果童贯千里迢迢从太原跑回来了，那就童贯挂帅吧。不过童贯并不买宋钦宗的账——你这孩子，真是嫌我死得不够快，而且你也真是对艺术家不够尊重。

童贯坚决不挂帅，因为他要护送宋徽宗一起逃跑。

太上皇逃跑，下边的士兵心寒了。于是在宋徽宗出城的时候，士兵们哭声一片，并且准备挡住他的车马。童贯唯恐宋徽宗走不成了，命令胜捷军放箭，瞬间上百人被射中。（“贯唯恐行不速，使亲军射之，中矢而踣者百余人。”《宋史》）

童贯和宋徽宗扬长而去。

宋徽宗走后没有几天，宋钦宗靖康元年（1126 年）正月初八，完颜宗望的东路军，兵临东京。

内心极度恐惧的宋徽宗赵佶，一路狂奔到了安徽亳州，接着又惊魂未定地躲到了更靠南的江苏镇江。就像当年的唐玄宗一样，宋徽宗遥望着京师，关注着儿子的一举一动。

被错综复杂的形势裹挟着推到大宋政治军事前台的宋钦宗赵桓，这时候又惊又喜。惊的是，金军兵临城下，江山社稷风雨飘摇；喜的是，春秋正盛的宋徽宗逃跑，自己居然一夜之间黄袍加身。心情复杂的宋钦宗，能够想到的第一件事，就是知恩图报，加封李纲为尚书右丞。并且，责成李纲负责整个东京汴梁的防务工作。文人出身的李纲，除了加固城防、稳定军心之外，他并没有十足的把握完成这项艰巨的任务，他热切盼望着一个人的到来。

这个人，叫种（chóng）师道。

西军

种师道，山西人，长期带领大宋常备正规军，战斗在西北对抗西夏和西羌的作战一线。他一手栽培的部队“西军”，是当时所有勤王队伍中战斗力最强的一支。

西军的全称是“西北禁军”，是当时大宋全境三支常备禁军之一。

我们来简单了解一下北宋时期的兵制。

北宋自赵匡胤立国，长期以来，在宏观治国方略上，重文而轻武；在微观军事部署上，重中央而轻地方。当年的赵匡胤，为了防止地方军头作乱，从而重蹈晚唐藩镇割据的覆辙，索性把地方州府军队的精壮，全部收归中央所有，由朝廷统一编制训练，而称为“禁军”；禁军抽调之后，地方州府上剩下的老弱病残，统统被划归“厢军”。厢军名义上是地方军队，实际上由于国家重视程度不够，缺粮少饷，后来慢慢沦落为种草养花、杀猪喂牛的杂务兵；在更加边远的乡镇，则存在着“乡兵”。乡兵也就是民兵，兵力虽然不少，但并没有接受过正规军事训练。而乡兵本身也并没有脱离生产劳作，基本上是放下刀枪拿起锄头，脱下军装就是本本分分的农民。

总而言之，北宋的部队，厢军和乡兵都是“打酱油”为主，只有禁军才称得上是正规军，而且是常备的职业正规军。

《水浒传》中动不动就讲“八十万禁军总教头”，实际上禁军数量的顶峰也确实有八十万之多，只是这么多的禁军，绝对不会全部布置在东京汴梁。北宋末年的禁军按照地域，分成了河北禁军、西北禁军和中央禁军。河北禁军主要防备北方的辽国契丹人，西北禁军主要防备西夏党项人，中央禁军主要拱卫京师而归朝廷直属，是禁军中的机动部队。

在三大禁军之中，当时实力最强的就是“西北禁军”。西军长期驻守在西北军事一线，兵源中既有汉人也有少数民族。这样混编的一支部队，战斗作风极其强悍，对环境的适应能力也堪称一流。西军中的大部分士兵，世代作为大宋的职业军人，因此有着与生俱来的国家荣誉感，在作战中勇冠三军，视死如归。比如《杨家将》中的“十二寡妇征西”，其实也不完全是虚构。真实历史中的“西军”，年轻士兵们常年外出打仗，有时候会成建制地为国捐躯。而剩下的小寡妇们，在自己的男人们战死之后，一则需要为男人们守节，二则寡妇们经常聚居在一起生活，形成一种女人们互帮互助的全新家庭生活。

西军中最为有名的三支部队——评书演义中的“杨家将”，杨府佘老太君娘家的“佘家军”，以及我们马上就要提到的种师道的“种家军”。

大宋帝国风雨飘摇之际，种师道率领西军万里勤王，杀回东京。

保卫东京

作为身经百战、经验丰富的老将，时年 75 岁的种师道带来的不仅是十万强悍的西军，还带给了汴梁这座城市以必胜的信念。风尘仆仆的种师道先是进城面见新皇帝，之后同城内的李纲等主战派大臣商议如何抗金。之后，老将种师道选择了撤出汴梁城，率领自己的西军在城外扎营，以一种时刻准备作战的态势，在城外同金军对峙。年逾古稀的老将种师道，选择了这样一种霸气的方式来面对强大的蛮族骑兵，用一种更加张扬的方式向蛮族军队进行军事宣示。

这样，东京汴梁的勤王部队与城内严阵以待的军民，呈里应外合之势，同骄横的完颜宗望僵持起来。

完颜宗望看到西路军迟迟不到，自己的东路军势单力孤，无法完成对汴梁的合围，几次小规模战斗也占不到任何便宜，只能退而求其次，考虑议和。

被派出去谈和的代表，是康王赵构。

赵构是宋徽宗的第九个儿子，宋钦宗的弟弟。实际上我们不用纠结于第几个儿子，是不是弟弟的问题。因为宋徽宗的儿子太多，除了能够当皇帝的，大多数都不怎么值钱。而且能够派出去做和谈代表的亲王，本身就冒着被扣押或者被搞成人质的危险，所以这样的亲王，多半也是平时不怎么受待见的。倒是年轻气盛的康王赵构表现得十分淡定，跟自己的哥哥宋钦宗辞别之后，怀着一种视死如归的慷慨，出城进入了金军大营。

实际上，赵构这一去，就差点回不来了。

因为就在赵构和谈的当口，宋钦宗居然安排人跑过来劫营了。劫营的人叫作姚平仲，也是西军的一员虎将。说姚平仲是虎虎生威的虎将并不过分，面对金军的虎狼之师，最起码姚平仲有强出头的勇气。然而这个劫营的时机实在是选得太差，完全没有顾及到万一劫营失败，和谈人员的安全问题。而且还有一点，西军姚平仲的姚家和种师道的种家，长期以来就有瑜亮情结。姚平仲为了抢头功，所以他的计划并没有跟老将军种师道提前商量，而是直接汇报给了宋钦宗，宋钦宗特批姚平仲劫营。当然，这都不是最糟糕的，最糟糕的是姚平仲的劫营还真的就失败了。

失败之后的姚平仲连夜逃跑，消失得无影无踪，后来到了几十年后的宋孝宗时代，才有人在四川重新见到了八十多岁的姚平仲，依然身体倍儿棒，虎虎生威。

其实，这次议和的背景是平等的，也就是说，当时的情形是谁也吃不掉谁的僵持局面。然而，姚平仲劫营失败，宋军一方输人又输阵。战场上打不过，道义上也居于下风，谈判地位急转直下。

经过之后一周的紧张交流，双方终于达成妥协。

懦弱的宋钦宗，答应了完颜宗望极其苛刻的讲和条件。条件具体包括三项：

第一，大宋割让太原、中山、河间三地给金国，换句话讲，宋金联手灭辽的战争之后，幽云十六州非但没有收回，大宋反而倒贴，让金国把国境线从幽云十六州向南推进到了山西中部，河北南部。第二，金国和大宋，以伯侄之礼相称。当然，至少从表面上看起来，女真人这个伯侄之礼，比一百多年前契丹人对后晋皇帝石敬瑭的父子之礼以及石重贵的爷孙之礼，倒还是文明进步了不少。第三，金人认为前面送来的康王赵构恐怕是个冒牌货，否则宋钦宗不会安排人半夜来劫营，拿着自己弟弟的命开玩笑。完颜宗望要求用康王赵构换肃王赵枢，又把赵枢作为人质，押往金国。

和谈之后，完颜宗望大军北归，略感遗憾。

和谈之后，李纲马上递了辞呈，他想知道皇帝的心会不会疼。

说到底，宋钦宗这事吧，干得挺不地道的。要说割地赔款也不是什么稀奇事，但是你总不能这个节骨眼上把太原卖掉吧？人家太原那边还正在打仗，数万太原军民死死拖住了完颜宗翰的西路军。完颜宗翰眼看无法完成占领洛阳以及会师东京的战略企图，索性分兵给完颜银术可，自己单独带着一票人马南下找东路军会合。走到一半才听说，东路军和宋钦宗达成议和了。

于是，完颜宗翰把和谈结果通知了太原守军，要求太原守军贯彻契约精神，开城投降。

太原守军，没理这个茬。

不仅太原如此，另外两个城市中山、河间也都不买中央政府的账。

面对来势汹汹的女真金国，这一次无论首都还是地方，仗都打得如此漂亮。就像下棋一样，满盘都是胜局，大家并不甘心投降，甚至和棋都不行。

同样不甘心的，还有老将种师道。老将军献策宋钦宗，希望充分利用黄河天险，派人在半路截杀北归的完颜宗望东路军。然而，朝廷主和派给出的信号是，既然已经息事宁人，就不要自讨麻烦了。否则惹怒女真人再遭顿打，那就得不偿失了。

最终，种师道的建议被宋钦宗拒绝，老将军一病不起。

应该来讲，东京保卫战在军事上是成功的，以李纲和种师道为首的主战派获得了最终的胜利；然而，东京保卫战在政治上又是极其失败的。这一次，优柔寡断的宋钦宗不仅没有将狂妄的敌人打疼，反而在战场上尽得优势的情况下，同意了屈辱的讲和条件。这次和谈结果，更加让女真人看到了中原汉人的软弱可欺，为接下来金军更加疯狂的进攻埋下了伏笔。

东京保卫战之后，宋钦宗接受百姓和朝臣的意见，将开战之前畏战逃跑的童贯斩首。之后，又将举家南逃的蔡京贬官流放，蔡京当年就病死在湖南。

宋徽宗追求艺术的同路人——公相蔡京和媪相童贯，在同一年一命呜呼。

靖康耻

汴梁之围既然已经解除，外部同金国的矛盾可以暂时告一段落，内部的各种矛盾又开始浮出水面。在主和派们的坚持之下，宋钦宗居然让一个文人李纲，到华北一代宋金交兵的前线，去担任河东、河北宣抚使。

军事外行的李纲，只是刚刚机缘巧合客串了一把保卫东京的总指挥，没有想到就被直接弄到了战斗最为激烈的华北一线，成了职业军人。看起来非常荒谬的安排，但其实是在意料之中。女真人兵临城下的时候，是老臣李纲振臂一呼，然后朝堂上主和派鸦雀无声，就算是鸦雀偶尔发几声，李纲也可以义正辞严地说一句："你行你上，不行别瞎闹！"为了胜利，得罪主和派的事情，李纲确实没少干。然而，一旦女真人撤军，主和派们反攻倒算的机会就来了，他们不用撸袖子直接跟李纲撕破脸，只需要在宋钦宗的耳边聒噪："东京没事了，北方战线还吃紧。朝廷用人之际，谁行谁上啊……"

这就是典型的古代官场厚黑学。

人性的阴暗之处，就在于此。

靖康元年八月，名义上成为宣抚使的李纲，来到了战斗已经进入白热化的太原，准备对太原进行救援。然而，形势却不容乐观。

首先是，早在这一年的五月，第一次救援就已经实施了。帝国能够拿得出手的大杀器，还是西军。挂帅的是姚平仲的干爹姚古，挂副帅的是种师道的弟弟种师中。姚古从长冶北上，种师中由井陉西进，再加上张孝纯的儿子张灏自领一军，三路大军夹击太原。然而姚家和种家的这次联袂出击失败了，种师中战死，姚古则被军事法庭判刑，流放到了岭南。

这一次的失败，加上之前姚平仲的劫营失败，几乎断送了西军所有的精锐。也就是说，西军没了，李纲根本手里没有王牌可打。

其次，对于李纲来讲，他的这个宣抚使跟当年童贯的根本没法比，是个有名无实的背锅侠而已。自己带人上，手里没有人；调动别人上，别人谁也不鸟他。各路大军无人节制，结果又全部通过远在东京的宋钦宗远程指挥。

李纲这活，根本就没法干。

第二次救援太原，再告失败。

于是，主和派们终于找到借口，给李纲一个“专主战议，丧师费财”（《宋史·列传·卷一百一十七》）的帽子。一纸调令，李纲被贬谪到江西。此外，东京保卫战期间，各地前来勤王的几十万军队，因为军费原因，在短时间被主和派遣散，或者派往其他战事更加吃紧的地区。

除了主战、主和派们的口水横飞之外，还有皇室内部的政治阴谋论。

在权力春药中迷醉的宋钦宗，居然怀疑起远在镇江的太上皇赵佶，担心老父亲会不会在南方另立一个政权。当然根据种种事后的史料证明，此时的赵佶，对于另立政权也不是完全没有想法。不过，在宋钦宗的一再敦促以及众大臣的斡旋之下，太上皇赵佶不情不愿地回到东京汴梁。

刚开始，因为宋钦宗心中的那点人所共知的小芥蒂，太上皇赵佶被安排入住边远的龙德宫，而不是宋钦宗所在的大内皇宫——延福宫；然而不久，熟读史书的宋钦宗，又仿效唐肃宗李亨，将身处皇宫之外的太上皇赵佶，从龙德宫强行搬回了延福宫严加看管。值得一提的是，延福宫这座皇宫，虽然比不上唐代大明宫那样有名气，但延福宫其实正是在浪漫的宋徽宗时代大肆扩建，并最终成为帝国内最为奢华和最富有艺术气息的建筑精华。北宋前期的皇宫都十分寒酸，延福宫的扩建，一改往日皇家的朴素传统，也融入了宋徽宗赵佶的个人情感。所以，刚刚回到东京的太上皇，被皇帝阻挡在延福宫之外是强迫；而后来，被重新召回延福宫则又是强迫。

宋钦宗性格中的多疑和反复无常，可见一斑。而父子之间的矛盾，也像野草一样，慢慢在各自的心里酝酿开来。

然而，一切在巨大的军事压力面前，都再也算不得什么。

靖康元年（1126年）八月十四，仅仅距离上一次撤兵半年之后，金军卷土重来，大举南下。提前得到消息的老将军种师道，在自己的弥留之际上书宋钦宗，陈说此次金兵来者不善，希望皇帝能够迁都长安，避敌锋芒的同时，回归汉人的龙兴之地。

种师道的建议，是有一定道理的。

北宋开国之后的很多年中，一直有开封和洛阳的都城之争。

很显然，相比我们前文讲到的长安、洛阳之山河四塞，拒险而守，北宋首都东京汴梁（今开封）实际上处于一马平川的黄淮海大平原上，是个严格意义上的四战之地。甚至赵匡胤和赵光义还因为这个问题，有过一次非常激烈的交谈。赵匡胤坚持要定都洛阳，赵光义坚持要定都开封。最后赵光义说了一句："在德不在险。"（《续资治通鉴长编·卷十七·开宝九年》）也就是说，国家的长治久安，靠的不是山河之险，而是要靠人品。

赵匡胤被顶了回去，后来也就没有再坚持立场。所以这句话最终使得赵匡胤放弃了迁都洛阳的念头。但这个故事的尾声，颇为耐人寻味。赵光义离开之后，赵匡胤才对周围的人重新提起了这件事说："赵二说的其实有道理，我今天也就依了他，但是不出百年，天下的民力可就枯竭了。"（"晋王（赵光义）之言固善，今姑从之。不出百年，天下民力殚矣。"《续资治通鉴长编·卷十七》）

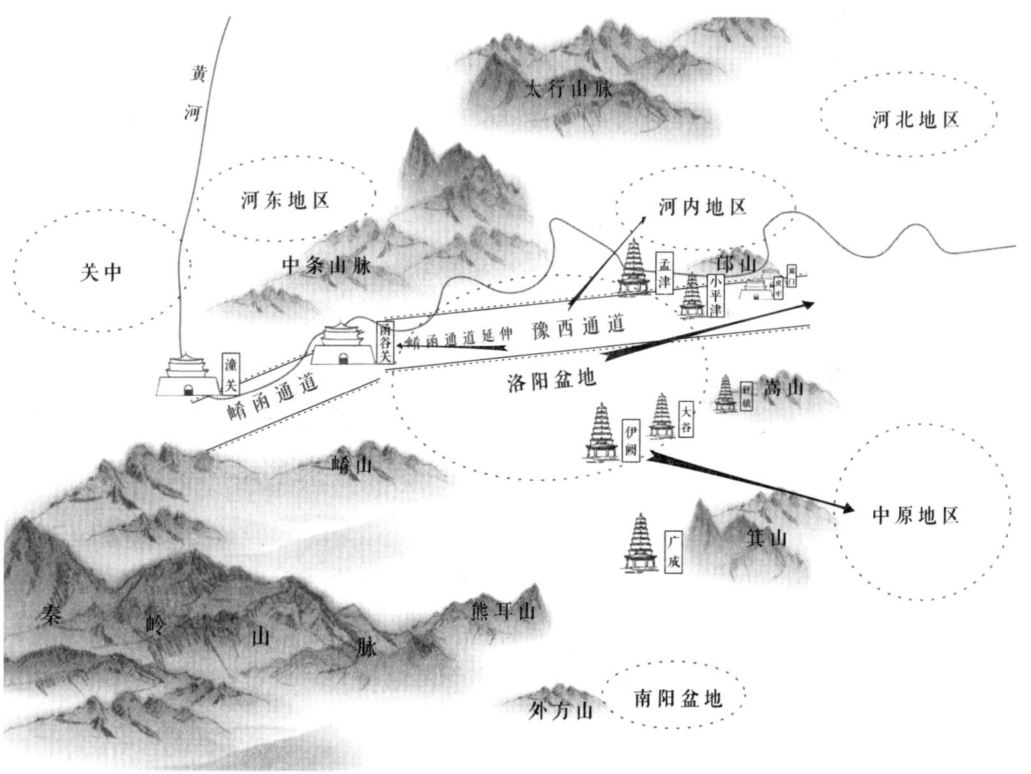

图 2-11 洛阳盆地和豫西通道

洛阳虽然去不成，但是赵匡胤心中还是有些许念想的。我们再来研究一下地图（见图 2-11）——洛阳盆地东出中原到开封，必经之路就是虎牢关一线，这就是当年李世民和窦建德为什么选择在虎牢关一决生死的根本原因。所谓的虎牢关一线，其实并不是只有虎牢关一座城，在这条狭小的通道内有若干座城市，比如荥（xíng）阳（今河南荥阳）、成皋（今河南荥阳汜水镇）、巩县（今河南巩义）。而这条狭小的、由若干城市排成一条一字长蛇阵组成的通道，我们称之为“豫西通道”。所以，从开封到洛阳，最为便捷的道路就是“豫西通道”。（见图 2-11）

宋太祖赵匡胤生前迁都不成，只能寄希望于死后。于是赵匡胤生前，把宋氏皇陵地址选择在了洛阳和开封之间的巩县，恰好卡在豫西通道的交通要冲上。也就是说，将来无论都城在开封，还是说迁都洛阳，拜祭祖陵都很方便。甚至万一哪天迁坟，也很方便。于是宋太祖之后、宋徽宗之前的“七帝八陵”，选址都在巩县。

事实上，当初北宋选择开封做首都的理由本身也很牵强。

第一个原因，五代几个乱世王朝，对于定都开封，有着历史继承的惯性。

宋开国之前，开封作为唐以后五代几个乱世王朝的首都，已经先后经营了半个世纪之久。从后梁开始，中间除了后唐短暂将首都定在洛阳外，一直是在开封定都。当初后梁选择定都在开封，一部分原因是朱温起家就在开封，相当于是他本人的根据地。朱温为了毁掉大唐的帝国基业，先是烧掉了长安城，逼迫皇室东迁洛阳；之后还不过瘾，又在洛阳大开杀戒，断了皇室的龙脉。长安和洛阳沾的人血过多，最终朱温才确定了定都开封。即便如此，后来朱温的后梁还是在开封和洛阳之间摇摆，经历了西迁洛阳以及还都开封的反复。

第二个原因，当时北宋的经济中心，已经转移到了江南一带。

由于北方农耕区开发较早，人类对水土破坏较大，北方自然环境逐步恶化。同时，北方多年战乱，大量人口向南迁徙。人口的涌入促进了南方经济的大发展，首先得到发展的就是江南。中国经济中心逐步南移是中国的宏观经济现象，从隋唐直到今天，这个进程依然没有停止的迹象。

同时，当年隋朝开凿大运河，繁荣了整个中国东部地区的漕运。漕运的发达就类似于我们今天高铁的蓬勃发展，由此带来经济的爆发式增长。北宋末年的东京汴梁，所需大量的吃穿住用行的商品都来源于江南，因此汴梁的运河漕运，是让北宋政权始终不能下定决心迁都洛阳或者长安的原因之一。同时由于大运河的地理位置因素，更加速了当时整个中国的经济中心大趋势由北向南移动，而政治中心则是由西向东移动。隋朝大运河历经几百年的沧桑还有战乱，到了宋开国的时候，已经开始出现功能的退化。宋初的大运河，江南到汴梁这段还可以用，但再往上游到洛阳和关中，则经常淤塞（见图 2-12）。因此，不管是关中平原还是洛阳盆地，如果想要分享东部经济发展的红利，物流成本都太高了。

总而言之，由于历史传承和漕运方便，赵匡胤最早选择了开封做首都。而且为了维护首都的军事安全，北宋中央政府不惜耗费大量军费开支，维持着一支庞大的中央禁军，来保卫无险可守的东京汴梁。

很显然，在第一次东京保卫战的军事中吃到苦头，但是又在和谈中尝到甜头的女真人，第二次南下一定是做好了充分的战争准备。面对如狼似虎的金国军队，宋钦宗既然打又打不过，跑又不想跑，那么放弃富庶的东京汴梁，迁都到据有山河之险的洛阳或者长安，则是水到渠成的一件事情。然而这一次，种师道的迁都建议依然没有被采纳。威震陇东的老将军，带着悲哀和遗憾，离开了人世。

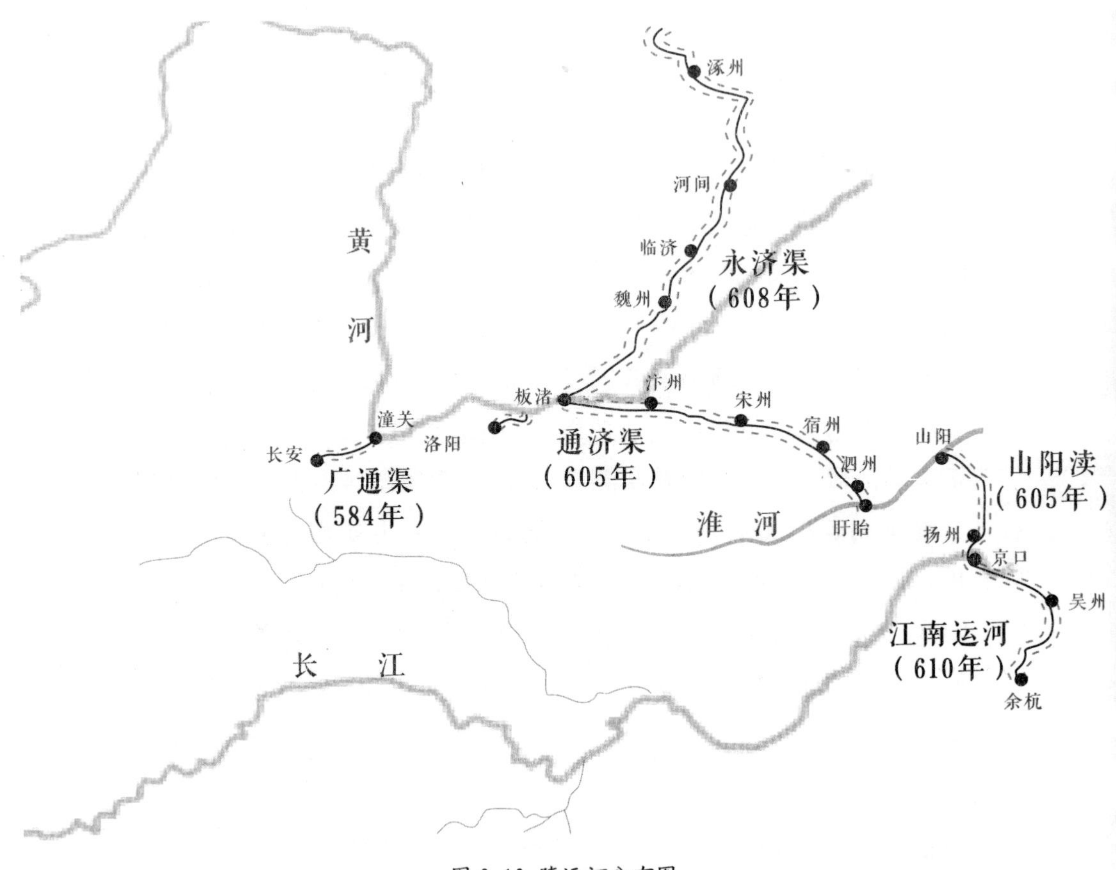

图 2-12 隋运河分布图

靖康元年秋天的这次金兵南侵，依然故伎重演，由完颜宗翰和完颜宗望分别率领西路军和东路军直逼汴梁。这一次的金军，吸取了上一次两路进攻而不能有效协同呼应的教训，重点开始圈定在太原这块河东劫材身上。

太原城的军民内无粮草，外无援兵，而且朝廷还偷偷把自己割让给了金国。这座城市历经八个多月艰苦卓绝的战斗，打退了金兵一次又一次的进攻，并且为第一次东京保卫战的胜利起到至关重要的作用。然而，这一次金国几乎是做好了最充分的准备，重新集结到太原城下。战争变得愈发惨烈，城外金兵依然伤亡惨重，城内也已经出现了人相食的悲惨场景。

九月初三，太原城破。

太原知府张孝纯被俘，主将王禀率领军民实施了巷战，太原城内大量的"丁字路口"派上了用场。硬汉王禀最终身中十枪，投汾河自杀殉国。

太原城这块劫材，终于沦陷；而整个河东也被金军所掌握。

金国的东、西两路齐头并进，直奔东京汴梁。这一次的战争跟上一次有很多不同之处。

（1）此时城内再也没有李纲，而城外也再看不到种师道了。

（2）金军合兵一处，号称十五万。兵力之多，开封城被围得水泄不通。

（3）朝廷主和派上位，为避免激怒金军，命令各路勤王部队按兵不动。

（4）最后一条，也是最要命的。宋钦宗赵桓，居然相信一个叫作郭京的江湖骗子，让他担任城防总指挥。在战斗最激烈的时候，宋钦宗让这个叫作郭京的人去“呼风唤雨，撒豆成兵”。这样的东京保卫战，与其说是战斗，不如说是行为艺术。

战争的结局，几乎是可以预见的。

靖康元年十一月，汴梁的外城被攻破，金军蜂拥而入。然而蹊跷的是，就在这个千钧一发的当口，金军突然宣布停止进攻，要求宋钦宗出来讲和。

不过，讲和是一门艺术。

和谈的先决条件，并不是因为战斗的双方爱好和平，也不是因为强者愿意对于弱者施舍巨大的怜悯。和谈本身，其实是战争的延续，战争中解决不掉的问题，也不要幻想能够通过和谈解决掉。从这个角度来讲，在强者一方胜势过于明显的时候，弱者一方甚至根本没有资格坐上谈判桌。所以，讲和这件事情，对于兵临城下这种攻守形势而言，根本没有任何意义。

换句话讲，第一次东京保卫战，是军事为政治服务，所以才有了最后和谈成功。而这一次，根本不存在和谈的基本条件。此外，宋军和金军相比，劣势就是太按照套路出牌了。要知道，新生的金国女真人，同接受汉地文明百年的辽国契丹人相比，汉化程度极低，女真勇士们尚且完全不懂一些最基本的外交礼节。这样的和谈，无异于与虎谋皮，简直是异想天开的一件事情。

然而，毫无政治素养的宋钦宗，最后真的带人出城和谈了。

之后，宋钦宗被当作战俘，扣在金营待了整整三天。三天囚犯生活，饥寒交迫之中的宋钦宗，像一名小学生写检讨一样，被关在小黑屋写投降书。按照女真人强迫要求的作文标准——四六对偶格式，对投降书的草稿一改再改，直到女真人满意为止。最后，宋钦宗还要面北磕头行礼，向万里之外的金国皇帝称臣表示归顺之后，才被放回。

之后不久，金人再次要求宋钦宗去“和谈”。这一次，金人变本加厉，将宋钦宗扣留了三个月。其间，金人对宋钦宗极尽羞辱之能事。宋钦宗这样的和谈，谈判地位甚至不如一个战俘，或者说一个囚犯。然而即便是这样的和谈，宋钦宗赵桓居然还充满了最后的一点幻想和希望。

以皇帝为人质，以威胁杀死宋钦宗为条件，金人要求城内的朝廷出面，借大宋中央政府之手，筹集和搜刮大量金银布帛。一直到城内再无油水可捞，一直到城内弹尽粮绝、饿殍满地的时候，金军指挥官命令部队，对汴梁内城实施最后的总攻。野蛮的女真士兵们冲入内城，大肆烧杀抢掠。

汴梁城外再远处一点的巩县，从宋太祖到宋哲宗连续七代赵氏皇陵和宗庙，被女真士兵付之一炬，部分地宫还被挖开，赵宋王朝列祖列宗们的尸骨被暴露在荒野之中。

汴梁沦为一座悲伤之城——北宋亡国了。

在漫天的北风呼啸之中，被金人废为庶人的宋徽宗赵佶、宋钦宗赵桓，作为俘虏被押往北方遥远的金国。一起被当作战利品的，还有宋徽宗、宋钦宗几乎所有的后妃、皇子、帝姬（公主）、大臣等几千人，此外还有宫中不可胜数的礼器、典籍、图书、古董、工匠。与此同时，十几万百姓也作为金人奴隶，被强行带到北国。大宋皇室成员，一路上受尽了饥寒交迫，也受尽了金兵的人格侮辱。其中超过一半的女眷，在押运的途中就被金人折磨致死。

当历尽九死一生到达金国首都会宁府（今黑龙江哈尔滨市阿城区）之后，宋徽宗、宋钦宗以及还活着的后妃、宗室、诸王、帝姬、驸马，统统被拉到金太祖完颜阿骨打的宗庙，去行“牵羊礼”（顾名思义，是对俘虏的一种带有侮辱性质的模仿牵羊的受降仪式）。因为受不了牵羊礼轻贱的朱皇后，当夜投水自尽。可怜堂堂七尺男儿，两位懦弱的皇帝宋徽宗、宋钦宗，甚至不如女流之辈朱皇后，他们连死的勇气都没有。不久，徽钦二帝分别被封为“昏德公”“重昏侯”，以示羞辱。

公元1135年，也就是靖康之耻之后的第八年，宋徽宗赵佶在金国的五国城（今黑龙江依兰）去世。去世之后，按照金人的风俗，宋徽宗的遗体被火烧焦，制成了灯油。贵为天子时，还曾和自己的父亲钩心斗角的宋钦宗赵桓，嚎啕大哭，痛不欲生。

值得一提的是，仅仅在北国苟且地生活八年的风流天子宋徽宗，居然和金人妇女还生了六个儿子和八个女儿。并且，他的后代也融入到了后来的满族血统中去。一直到了清朝灭亡，民国肇始，包括爱新觉罗氏在内的很多满族人改汉姓的时候，都不约而同地改了“赵”姓。

公元1156年，宋钦宗在燕京（今北京）去世。

或许，至死，宋钦宗都不知道该如何评价自己短短两年的皇帝生涯。他用拙劣的政治表现，回报了他同样在政治上不合格的父亲。虽然在某种意义上讲，宋钦宗只是在为父亲还债，因为毕竟靖康之变的祸根，实际早在宋徽宗时代就已经埋下。但父子二人的性格一脉相承，这种性格影响了他们的命运，也深刻而惨痛地改变了中国的历史。至今读来，都觉字字泣血，让人悲痛难当。

康熙皇帝的九子夺嫡

今天我们换一种角度，用合同招投标这样一种商务操作模式，来量化分析九子夺嫡的过程，以及隐藏在背后的一些通用规律。

脑子是个好东西，可惜胤禔没有。

胤禛，像是混迹微信群的万年潜水员，几十年来从不冒泡。太子胤礽的彻底倒下，无异于丢了一颗深水炸弹。皇四子胤禛，终于被炸出来了，他正式从幕后走向了前台。

被废的太子

与前面的唐玄宗和宋徽宗相比，康熙皇帝的子女数量也不遑多让，在他 68 年的人生旅程中，一共生了 35 个儿子和 20 个女儿。与前面两位相比，康熙皇帝晚年并没有受到儿子们的胁迫。但是，康熙皇帝晚年最大的痛心之处，就是若干个儿子卷入的立储之争——民间也称为“九子夺嫡”。

有赖于多年来“辫子戏”的荧屏轰炸，很多人对“九子夺嫡”的故事梗概都耳熟能详。所以，今天我们换一种角度，用合同招投标这样一种商务操作模式，来量化分析九子夺嫡的过程，以及隐藏在背后的一些通用规律。

一个典型的合同招投标流程，包括招标、投标、开标、评标与定标五个步骤。不过，这仅仅是从招标方也就是从甲方的角度来讲的阳光下的标准流程而已。今天，我们要从投标方的角度来谈招投标流程，我们或许可以称之为“暗黑版”的招投标流程，也就是从乙方的角度来运作销售项目。

从投标方也就是乙方的角度来看，招投标流程包含了标前引导、组团围标、入围短名单、比拼测试、签订合同五个阶段。

我们先来看标前引导阶段。

其实无论从哪个方面讲，康熙皇帝都算是历史上一位少有的好皇帝。

不过，晚年立储失策，是康熙皇帝一生之痛。

关于立储，我们先从太子胤礽（réng）说起。

胤礽，康熙皇帝次子。胤礽创造了两个纪录，是中国几千年的历史之最。其一，从1675年到1708年一共连续当了33年的皇太子，为历史上时间最久；其二，他是中国历史上最后一位正式册封过的皇太子。胤礽的母亲赫舍里氏同康熙皇帝举案齐眉，相濡以沫，是青年时代康熙皇帝的心中挚爱。生完胤礽，赫舍里氏因难产而死。胤礽从小就被康熙皇帝带在了身边，康熙皇帝对于胤礽的教育也是尽了最大努力。

不过，作为一人之下万人之上的皇太子，即便能够接受全天下最好的教育，他的成长之路依然是残缺不全的。比如，周围随从人员的百依百顺，就养成了胤礽性格暴躁、行事乖张的个性。此外，作为自小丧母的独生子胤礽，对于亲情的长期缺失，也造成了他待人冷漠、我行我素的叛逆性格。然而，康熙皇帝对赫舍里氏的偏爱和怀念，曾一度全部转移在了胤礽身上。对于皇太子身上的种种瑕疵，康熙皇帝多数时间以回避和掩盖的方式加以包容，客观上也助长了胤礽暴戾的作风。

1708年，康熙皇帝率领众多皇子巡幸塞外。在返京途中，康熙皇帝在夜里发现胤礽向他的寝帐进行窥探，也就是史家所说的“帐殿夜警”事件。这件事情，在普通百姓家里很平常，但是在皇帝家庭，这却是涉及篡弑和谋逆的大罪，跟动机无关。比如前朝隋文帝的太子杨广，就是在皇帝病重的时候，暗中写信来了解皇帝身体的真实情况。最后这件事搞成了一个宫廷悬案，也成为皇族家庭中，太子着急上位的经典案例。隐喻的意思再明显不过——太子当腻味了，他盼着老皇帝早死。

康熙皇帝对太子长达几十年的容忍终于结束了，他的愤怒如洪水一样喷发了。在怒不可遏、心灰意冷的情况下，康熙皇帝第一次废黜了太子胤礽。

皇太子的位置之于皇帝，其实只是一步之遥。结合如今的商场招投标来说，确认皇太子，就如同项目销售中的独家定向议标谈判。注意关键字，“独家”是指没有竞争对手，“定向”是指方向基本明确，“议标”是指过程气氛友好，“谈判”是指甲方尚需考察。不过如果没有太大的差错，独家定向议标谈判，甲方几乎是注定要和乙方签订合同的（即登基称帝）。所以，胤礽做了33年的太子被废，等于是对外公开宣布，登基做皇帝这个招投标项目，最后还不一定是谁中标。

康熙皇帝的皇子们，内心终于沸腾了。等了几十年，终于等到了大清皇位的重新发标，对于没有设立严格嫡长子继承制的康熙王朝来讲，皇子们都还有机会！

康熙的烦恼

太子胤礽被废了，皇位的归属问题一下子悬念丛生。

这件事情如果发生在乾隆、嘉庆之后的清朝，问题其实并不大。因为那个时候的清代皇室，生育能力已然呈下降趋势。皇帝的身体一代不如一代，妃子数量越来越少，妃子们怀孕的几率也雪崩式下降。别说争夺皇位了，找个合适的继承人都不容易。道光帝选来选去，还是咸丰帝和恭亲王奕䜣两个人的二选一问题；咸丰帝没得选，因为他只有慈禧帮他生的唯一一个儿子——同治帝；同治帝没有儿子，于是找来了堂弟又是两姨兄弟的光绪帝；光绪帝又没有儿子，于是只能选侄子宣统帝即位；宣统帝溥仪①，则又是一辈子没有儿子。当然，溥仪有没有儿子其实也无关紧要，因为早在他6岁的时候，大清就已经寿终正寝了。

然而此时此刻，康熙皇帝的问题在于，他是中国历史上又一位繁殖力惊人的皇帝。他所生的35个儿子中，能够健康地活到成年的，就多达24个。

在这其中，具备争夺帝位资格的皇子如下表所示。

① 爱新觉罗·溥仪（1906—1967年），清朝末代皇帝，也是中国历史上最后一个皇帝。字耀之，号浩然。也称清废帝或宣统帝。他是道光帝旻宁的曾孙、醇贤亲王奕譞之孙、摄政王载沣长子，母亲苏完瓜尔佳·幼兰。1909年到1912年、1917年7月1日到1917年7月12日两次在位。

表 3-1 皇子争夺皇位实力一览表

排行	姓名	简介	综合实力
皇长子	胤禔（音“支”）	支持者以他的舅父大学士明珠为首，党众包括大学士余国柱等，影响力较强	AAA
前太子	胤礽（音“仍”）	支持者以他的叔姥爷索额图（赫舍里的叔叔，康熙皇帝辅政大臣索尼的儿子）为首，一废太子之后，党众仍然有非常大的影响力	AAAAA
皇三子	胤祉（音“止”）	文艺青年，自成一党。编著有《古今图书集成》一书，政治影响力较弱	AA
皇四子	胤禛（音“真”）	性格隐忍，务实干练。太子第一次被废后，仍然追随太子，政治影响力较强	AAAA
皇八子	胤禩（音“寺”）	乐善好施，德才兼备，人称“八贤王”。朝野对拥立八王做太子的呼声很高，政治影响力最强	AAAAA
皇九子	胤禟（音“唐”）	聪明好学，文武全才，善于结交。长期支持皇八子争位，在皇族中有一定的号召力	AA
皇十子	胤䄉（音“鹅”）	康熙皇帝辅政大臣遏必隆的亲外孙，除太子胤礽之外，身份出身最高贵的皇子。支持皇八子争位	AA
皇十三子	胤祥	智勇双全，是刺虎英雄。长期掌握京城近畿防务，政治上一直坚定地支持皇四子	AAA
皇十四子	胤祯（音 “贞”）	四子胤禛的同母弟弟。文韬武略，后期受康熙皇帝重视。政治上，支持皇八子登位	AAA

由此可见，参与本次皇位投标项目的九位皇子们，综合实力都还是比较强的。

这九位皇子，相当于是本项目的投标主体，他们基本都具备一定的客户关系（朝野关系）和产品方案能力（潜在皇位继承人的个人综合能力）。按照销售项目运作的一般思路，在客户没有正式发标之前，需要对于标书进行有利于自己方案的引导，以迅速淘汰不符合标准的小厂家。这种针对销售项目而进行的市场行为，叫作“标前引导”。

康熙皇帝的九个皇子标前引导，正是这样按照流程发生的。

对于打击竞争对手而言，标前引导是一种非常奏效的“先下手为强”的商战手段。标前引导要讲究艺术性，适当表现自己是应该的，但是却一定要注意调节沟通中的措辞和对竞争对手的态度。有两种极端情况是值得注意的，一种极端是过度引导。也就是说，乙方为打压竞争对手，过于强调自己，而过分地贬低了竞争对手。这种标前引导，很有可能会引起招标方也就是甲方的反感，从而导致全盘皆输；第二种极端，是投标方也就是乙方完全游离于标前引导工作之外。在竞争对手都各显其能，强调自己独特价值的时候，保持特立独行的谨慎和低调虽然必要，但不能完全处于消失状态。否则，当对方成功引导了技术标准（皇位继承人标准）之后，你难免要处于坐以待毙的状态了。

这两种极端情况，都出现在了康熙皇帝皇位继承人的“标前引导”中。

第一个是皇长子胤禔。

胤礽出事之后，胤禔对于皇位的渴求已经到了不加掩饰的程度，完全地暴露在了康熙皇帝和皇子们面前。甚至，在“帐殿夜警”事件之后，胤禔向康熙皇帝进言，自告奋勇，希望帮助康熙皇帝杀掉胤礽（“今欲诛胤礽，不必出于皇父之手”《圣祖实录·卷二三四》）。

胤禔犯了皇室成员最大的忌讳，那就是只能想不能说，甚至于只能做不能说的事情，让他大声嚷嚷出来了。比如我们前文提到的“玄武门之变”，李世民固然可以杀兄弑弟，在家人的鲜血中登上帝位，但是在动手之前，李世民一定不会傻到跑去跟李渊商量，说我最近感到竞争压力很大，杀几个兄弟缓解一下精神压力如何？

最终，咎由自取的皇长子胤禔被康熙皇帝圈禁，失去了投标权利。事实证明，发标之前，对于客户适度引导，但绝对不能过火，更不能陷入到对竞争对手的恶性攻击中去。一旦引起甲方的反感，则标前引导只会起到反效果。

第二个是皇三子胤祉。

长期以来，胤祉以饱读诗书而著称于众兄弟之中，有非常高的文学素养。如果说皇长子胤禔是众兄弟中间的一股泥石流，则胤祉就是众兄弟中间的一股清流。如果像胤祉这样的皇子多几个，康熙皇帝一定不会不高兴，只是对于皇位继承来讲，胤祉这样的人，则一定不会入康熙皇帝的法眼。因为，胤祉这样的标前表现，做一个学者倒是恰如其分，做一个心狠手辣的政治家，胤祉火候差得太多太多。

跟皇长子一样，投标之前，皇三子就没在康熙皇帝的视线之内。

所以，乙方的解决方案一定要紧扣客户需求，而不是自说自话，自卖自夸。简单一句话，究竟是推销人参还是推销萝卜，关键在于你的客户是不是兔子。

就康熙皇帝的传位大业来说，标前引导的结果已经出炉，投标竞争对手已经由九家变为七家。而投标竞争对手变少的同时，各位皇子们的下一步策略，也变得明朗了许多。

皇位的诱惑

大清皇位的项目运作，正式进入第二阶段。

面对着已经九家变七家的竞争形势，皇子们除了感到竞争之残酷及惨烈外，还感到了莫名的兴奋，毕竟机会和胜算，又多了几成。

不过，有一个问题是大家不得不考虑的，那就是七家之中，有两家实力最强、品牌最好的大厂家，一个是废太子胤礽，毕竟瘦死的骆驼比马大；另外一个是皇八子胤禩，朝野的支持之声不绝于耳。这两家在当时的情况下，同另外五家一起参与投标，就如同在洗澡盆里面安排了一只大象和一头长颈鹿，其他五只小动物只有干瞪眼的份儿。于是，自然而然地，商业投标规则里面常见的潜规则——“围标”，跳入了每个人的脑海。

围标，也称为“串通招标投标”，它是指几个投标人之间相互约定，一致抬高或压低投标报价进行投标，通过限制竞争，排挤其他投标人，使某个利益相关者中标，从而谋取利益的手段和行为。围标行为的发起者称为围标人，参与围标行为的投标人称为“陪标人”。围标的目的，是因为参与投标的厂家太多，竞争太过惨烈，杀敌一万，自损八千。于是立场相似或者相同的投标方，索性先私下苟合一下。苟合的好处，一是能够结成价格同盟，不会在价格和商务上彼此大跳水，形成无序的乱战局面；二是几家私下结盟之后，可以和盟友共进退，先把最不喜欢的竞争对手踢出局，之后打扫干净房子再请客。

皇子们根据自己的需要站队，划分成两大阵营，如下表所示：

表 3-2

派别	围标人	陪标人
太子党	废太子胤礽	皇四子胤禛，皇十三子胤祥
八爷党	皇八子胤禩	皇九子胤禟，皇十子胤䄉，皇十四子胤祯

如此看来，在竞争皇位的过程中，七个皇子已经根据利益和喜好，划分成了泾渭分明的两个阵营。这两个阵营都是优先支持自己的陪标对象来实现中标（夺得储君身份）的。至于说围标人得到皇位之后的利益分配，几兄弟如何瓜分利益，利益分成的形式究竟是和平谈判还是武力政变，那是后话，先中标再谈不迟。

在围标的过程中，太子党刚开始还是取得了一定的优势。

首先，是客户关系同情分。太子胤礽从小跟康熙皇帝一起长大，也一直是按照储君的标准来培养的。也就是说，这个定向议标的过程，长达 33 年。很多客户的技术标准，都已经原封不动地复制给了胤礽的投标团队。而胤礽无论怎样不争气，毕竟他这些年，也一直是按照客户要求在一点点努力向最高标准看齐的。在此期间，决策链关键客户（康熙皇帝及康熙皇帝的近臣）与厂家（胤礽）培养起来的深厚感情，绝非是其他厂家朝夕能够影响的。

其次，是竞争对手的失误。皇八子胤禩固然优秀，而且，也有一个非常强大的围标参与团队。与此同时，满朝文武大臣，很多和胤禩的关系非常深厚。这种深厚，已经大到了可以制造舆论、制造话题来影响康熙皇帝决策的程度。很多时候很多话，根本不需要皇八子胤禩自己开口说，朝廷上下一众粉丝和追随者们就已经帮他说了。而且一边说还一边鼓励胤禩：八爷您坐好了，我们送您上去。

不过这些，其实都无法改变这样一个事实。

事实是，皇八子胤禩跟康熙皇帝的父子关系非常一般。不仅一般，某种程度上还很差。康熙皇帝万万没有料到朝臣会众口一词地支持胤禩。而皇八子胤禩则摇着羽毛扇，优哉游哉地站在粉丝们背后吃瓜围观，抱着看热闹的心态来欣赏自己的皇阿玛下一步如何决策，才能堵住自己的粉丝们的嘴。这样的尴尬局面，让一世英名的康熙皇帝，感到智商被严重侮辱。事实上，在一个聪明的皇帝面前卖弄聪明，是一种非常危险和愚蠢的行为。即便是父子之间也不例外。

在实际的商业投标运作中，对于最高层的关键客户影响如果不能直接进行，那么采取间接影响是可以的，也是必要的。比如得不到招标方一把手的认同，就去争取招标方的二把手、三把手，但是这个火候一定要拿捏得很准确。“八爷党”对于此次决策，很显然犯了过于“操切”的错误。

操切的八爷党们，甚至采取了逼皇帝表态这种下下之策。

康熙四十七年，也就是1708年年初，皇太子胤礽被废。随即，“八爷党”就开始了轰轰烈烈的上书行动，要推举皇八子胤禩为新太子。高潮发生在1708年底，文武大臣们在畅春园逼宫康熙皇帝，希望康熙皇帝能够对立新太子的事情明确表态。

这里有必要说一说畅春园：

清代早期的皇帝，比较喜欢在北京西郊的皇家园林办公，图的就是一个清心自在，远离喧嚣，给自己一个比较雅致的办公环境。畅春园就是这些园林中比较著名的一个。

畅春园始建于明代万历年间，原名“清华园”。但今天清华园的名字归了清华大学；畅春园的一部分，被划归北京大学校区。老清华是北大，新清华是清华，也算一段佳话。

康熙年间在清华园旧址上营建的畅春园，成为康熙皇帝最为钟爱的京郊离宫。

康熙皇帝一生，有一半的时间都在畅春园办公，最后告别人世也是在畅春园。畅春园营建之后，后来的雍正皇帝、乾隆皇帝又在畅春园的基础上，继续营建圆明园和清漪园（颐和园）。最终，三代皇帝的努力，使得北京西郊形成了“三山五园”（即香山、玉泉山、万寿山和畅春园、静明园、静宜园、圆明园、清漪园）的皇家园林区。

英法联军侵华，火烧圆明园的同时，顺便毁掉了畅春园。如今的畅春园只剩遗址。而且因为缺少图纸，如今我们已经无法用电脑技术，来完全复原畅春园的原貌，只能是引以为憾。

在这次的畅春园议事中，八爷党们很着急。

面对八爷党们的急不可耐，康熙皇帝只简单说了两点：（1）胤禩并没有政事经验（即解决方案只有试验，没有商用）；（2）胤禩的母亲出身低微（厂家品牌影响虽大，但不够正面）。

皇帝的表态，让“八爷党”粉丝们的热情空前受挫。

竞争对手“八爷党”犯错了，得利的一定是“太子党”。

康熙四十八年（1709年）正月，废太子胤礽被复立为太子，重新作为定向议标厂家，进入了客户（康熙皇帝）视野。但是谁都知道，这次太子复立，太子胤礽已然风光不再。首先一个众所周知的原因，这次复立，违背了很多大臣的主观意志，特别是原来支持皇八子的大臣；第二点原因，则更加致命——太子精神分裂了。

太子的精神分裂由来已久，早在做太子的时候，就有人觉得胤礽这个人不正常。只是当时的胤礽贵为太子，没有太多人敢在背后嚼舌头而已。而第一次被废，胤礽墙倒众人推，胤礽本人的精神又受到了非常大的刺激。于是，他的行为越来越让人感到不可理喻，同时胤礽有疯病的消息不胫而走，变成一个朝廷上下人尽皆知的八卦。

胤礽的问题，和我们前文提到的唐玄宗的太子李亨非常相似，我们可以统称为“原生家庭问题”。原生家庭带来的不良影响，会让很多人形成极端或者怪异的性格特点，从而决定一个人一辈子的人生轨迹。

两个人的相同点是：都没有亲妈在身边照顾他们、教育他们长大，都有一个英明神武并且寿比南山的爹。都是十几年甚至几十年如一日地做太子，一直做到中年还没机会接班做皇帝；两个人的不同点：李亨一直是奶奶不疼、姥姥不爱的角色；胤礽则是早早失去母亲，其后在康熙皇帝的溺爱之下长大，从小没有受过任何委屈。

李亨和胤礽两个人的结局，则大相径庭。李亨依靠太监和军头夺取大权，荡平叛乱，把自己的父亲软禁在了太极宫。胤礽则从人生的巅峰滑落，从此一蹶不振。李亨一辈子都在走逆风路，最后用自己的反抗来报复这个压抑人心的世界。而胤礽走了一辈子顺风路，突然一天遇到逆风，就找不到了前进的方向。

胤礽在被复立之后，继续暗地里结党营私不算，还公开说出诸多忤逆犯上的胡言乱语。他确实是疯了。太子胤礽疯了之后，他作为一个投标主体，等于是自动弃标了。不管主动还是被动，退出只是时间问题。

康熙五十一年（1712 年）九月，太子胤礽二次被废。这一次，他再无复立可能。

太子虽然一时围标成功，但因自身原因最终被废标，参与皇位投标的由七家变为六家。形势更加明朗，竞争也更加激烈。太子二次被废，等于是客户开始操作正式发标，剩余六位皇子们要做的就是——决战短名单。

八爷的困惑

太子失势了，弹冠相庆的是“八爷党”，而失去了主将的皇四子和皇十三子则陷入了低迷与反思。与此同时，新的希望则孕育在每一个皇子心中。

皇四子胤禛，长期以来是一个非常低调的人，低调到了各位皇子都忽视了他的存在。在这之前的很长一段时间里，胤禛都保持了谨慎而又冷静的头脑。并且经过反复斟酌之后，胤禛所迈出的每一步，都隐藏在太子胤礽的身后。

胤禛这样做，其实自有他的道理。

首先，韬光养晦，积蓄力量。

康熙皇帝太过英明，众位皇子的一点蛛丝马迹，风吹草动，都很难逃过老爷子的法眼。因此，出的风头越多，可能死得越快。不如躲在幕后，暗暗锤炼内功。

其次，外弛内张，避免树敌。

因为太子的一废一立，众位皇子几乎剑拔弩张，如果这个时候站到风口浪尖，很有可能会处处树敌。一旦侥幸取胜还好，但也最多不过是个皇储，距离皇帝尚有一步之遥；万一失手，下场会异常悲惨。

为了表示无意皇位，胤禛甚至还主编了一本《悦心集》以陶冶情操，来表达自己的清静无为。《悦心集》这本书中，收入了大量或淡泊明志，或寄情山水的文学作品。比如刘禹锡的《陋室铭》，陶渊明的《归去来辞》《桃花源记》等名篇，都被胤禛收入其中。这本书虽然看起来表达了道家的清心寡欲，或者说佛教的禅心顿悟等观点，然而这本书中的大量文字，却又隐含了儒家“修齐治平”的家国天下思想。应该来讲，在其他皇子锋芒毕露的关键时刻，皇四子胤禛用这本小书《悦心集》，来非常委婉地向康熙皇帝和朝臣们传达了一种来自自己内心深处的声音——我虽然不会喊任何激昂的口号，但我知道我始终走在自己的路上。

不过，一个人走路走得太久了，往往会忘记了当初为什么出发。

胤禛，像是混迹微信群的万年潜水员，几十年来从不冒泡。不过，太子胤礽的彻底倒下，无异于丢了一颗深水炸弹。皇四子胤禛，终于被炸出来了，他正式从幕后走向了前台。从现在开始，他终于开始意识到，其实自己原本也是这个皇位的有力竞争者。这一次，胤禛终于找到他的航向。而胤禛这样的人一旦决定，将义无反顾，为达目的，他将矢志不渝。

皇位招投标的组织形式依然是围标，只是太子党围标团队已经悄然更换门庭，当前的招投标形势是“四爷党”VS“八爷党”。在两个团队竞争的背后，所有皇子将为最后的短名单展开角逐。此时的竞争形势如下表所示：

表 3-3

派别	围标人	陪标人
四爷党	皇四子胤禛	皇十三子胤祥
八爷党	皇八子胤禩	皇九子胤禟，皇十子胤䄉，皇十四子胤祯

这里，我们要用到一个传统的市场销售项目分析工具——销售四要素分析法，来看一看“四爷党”对于这个项目的运作情况。

市场销售项目的四要素分析法，是市场人员常用的一种分析工具。包括了客户关系、解决方案、服务与交付、融资与商务四方面的能力分析。不过就我们本文皇位继承权的竞争而言，客户关系、解决方案、服务交付都是客观存在的。而融资与商务能力，作为皇室贵胄，不管“四爷党”还是“八爷党”，他们在财务上都不会有任何问题。所以，我们认为，他们之间比财务比拼更重要、更有价值的，是竞争情报的搜集和管理。具体分析如下：

四要素之一，客户关系。

简单总结一下客户关系的分类。

客户关系分为关键客户关系、普遍客户关系、组织客户关系三个层面。关键客户关系要以普遍客户关系为依托，二者的累加，最终形成一种“势”的力量，则被称为组织客户关系。

胤禛对比胤禩，对于关键决策客户康熙皇帝的把握其实是半斤八两。虽然不能说是后娘养的，但可以确定，这两个人从小就都不是康熙皇帝的心尖子。

而再看普遍客户关系工作，胤禛的确不如胤禩。胤禩出色的沟通和交际能力，让他在朝野上下积攒了相当的人气。当时的满朝文武大臣，动不动就向康熙皇帝明里暗里、有意无意地夸赞胤禩，“八爷好，很好，就是好。比四爷好两倍，比二爷好四倍。”

面对普遍客户关系无法取得优势的尴尬局面，胤禛反其道而行之，索性低调隐忍，凡事谦卑温和处之。胤禛采用了幕僚戴铎的建议，在处理父子兄弟关系上，讲究“孝、诚、和、忍”。也就是说，对待皇父，要用“孝心”与“诚心”；对待兄弟，要用“和而不同”与“隐忍不发”的原则。（“孝以事之，诚以格之，和以结之，忍以容之。”《戴铎十启》）对于大臣们，戴铎要求胤禛“敬老尊贤”。（“主子敬老尊贤，声名久著，更求刻刻留心，逢人加意。”《戴铎十启》）

最重要的一点，也是对胤禛在这一时期的做事风格影响至深的一点，则是这句——“处英明之父子也，不漏其长，恐其见弃，过漏其长，恐其见疑，此其所以为难。”（《戴铎十启》）换言之，戴铎点出了和康熙皇帝相处中最为惊心动魄的一句话——康熙皇帝是一个英明的天子，同这样聪明的父亲处理父子关系，如果不暴露自己的长处，就会被康熙皇帝嫌弃；如果过于暴露自己的聪明，就会被康熙皇帝怀疑。这句话，应该是戴铎对胤禛的所有建议中的点睛之笔。这句话，恰恰点出了之前已经退出竞争的皇长子胤禔和皇三子胤祉两个人的失败原因。而同时这句话，也是困惑中的皇八子胤禩最需要听到的一句话。

戴铎的建议，未必对胤禛和胤禩的普遍客户关系比拼起到决定性的作用，然而这样的安排，让胤禛至少在这一项比拼中不会有太多的失分。处理好官场上的人际关系，胤禛即便不能像八爷胤禩那样左右逢源，但至少不会在关键时刻被人落井下石。更何况，处事圆滑的官僚们，面对四爷和八爷这种皇室内部的斗争，两面下注的人一定还是居多的。

很多人在为胤禛最终的胜利复盘的时候，谈到这一时期的胤禛，多半认为胤禛有政治作秀的嫌疑。然而事实证明，即便是作秀，也要讲究战术。

四要素之二，解决方案。

胤禛和胤禩的解决方案比拼，也就是二人针对皇帝标准的个人综合能力展示。在销售项目运作中，解决方案的好坏是一项基础性工作。一个好的解决方案未必能让你稳操胜券，但它却是客户关系运作的必要支撑。否则都是空谈。

从这点上讲，皇八子胤禩有口皆碑。

因为母亲的出身不好，胤禩从小便是在皇室成员们的冷眼中长大的。这种成长环境，造就了胤禩在一众高傲的皇子中间特色鲜明的行事风格。在同他人的相处中，胤禩进退知礼，待人温和，人缘极好。胤禩擅长发挥自己沟通能力强、人脉关系广的独特优势，并把这种优势充分地运用到自己的行政工作中去。对于中国传统官僚体系而言，这一点相当重要。朋友多了路好走，这句话无论在商场还是官场都同样适用。所以在康熙皇帝一废太子之后，胤禩一度担任京城内务府总管事，表现出了很强的施政能力。

而胤禛则又是另外一个极端。

胤禛的出身不错，他的母亲德妃乌雅氏是地位相当高的后宫嫔妃。在胤禛的成长过程中，除了康熙皇帝之外，他犯不上刻意去讨好任何人。胤禛的城府极深，不事张扬。本职工作中，他埋头苦干，秉公执法，为了朝廷政策和决议的上传下达，胤禛可以利用自己皇子这种尊贵身份，不惜去得罪一些人，或者打破一些官场或者职场的潜规则。

换一个角度来讲，胤禛和胤禩的施政能力可能不分伯仲，但两个人是从完全不同的两个角度来对施政进行诠释。胤禩是利用关系和人脉来把工作做好，而在做事的过程中又对自己的关系人脉进行有效提升；胤禛则是从工作本身出发，以结果为导向进行施政。为了把事情做好，胤禛不仅动用现有的人脉体系，而且不怕破坏或者触动一些人的幕后利益或交易。

应该来讲，官场上的政客和政治家是两个完全不同的概念。政客俯拾皆是，而政治家的人选则是不可多得。对于政治家而言，重要的不是做好人，而是办成事。从这点上讲，我们认为，胤禛应该更能够得到康熙皇帝的圣意。

我们做一个简单的小结。就实际的项目运作而言，解决方案不需要大而全，而是需要有差异化的竞争特色，同时真正解决客户的实际问题。

这样的方案，才是好方案。

四要素之三，交付能力。

中国历史上老皇帝传位是个问题，而新皇即位同样是个问题。几千年来，有多少新皇即位带来的不是天下太平，而是天下大乱。很多时候老皇帝尸骨未寒，争夺皇位的军事政变就开始了。能够成功拿到老皇帝的遗诏，法统上毫无争议地继承大统固然非常重要，但更加重要的是毫发无损地登上皇位。一个没有皇位继承能力的皇子拿到了皇位继承权，对于他本人来讲，并不见得是一件好事。这样的皇子仓促登位，等待他的有两种结局，一种结局是找一个政治靠山成为傀儡，另外一种结局是死于政变或者内讧，被更加优秀的皇子取代。前文讲到的“屠龙高手”宇文护，趁着宇文泰离世之后的政治真空，独霸朝纲，连杀三任皇帝。最后只有少年老成的北周武帝宇文邕站稳了脚跟，最终隐忍数年，反戈一击拿下宇文护。而宇文邕这样的人，是几百年不世出的有头脑有眼光的政治家。而皇帝工作交接这件事，要靠一整套完备的交付计划来实施，不能每一次都指望新皇帝是宇文邕这样的天才。

老皇帝在世时，可能会通盘考虑皇储安全继位的问题，为可能出现的各种不测做好万全之策，比如朱元璋。但是需要明确一点的是，皇帝这个职务是终身制，老皇帝不到撒手人寰的那一刻，一般不肯轻易交出权力。所谓万无一失的提前交接基本不太可能，那么如果真到了老皇帝咽气的那一刻，所有之前的传位部署哪怕有一个疏漏，都有可能出现非常严重的问题。更何况没有人知道也没有人敢随便预测，老皇帝到底什么时候咽气。

阎王要你三更死，谁敢留你到五更？

所以，咽气这事，往往都是突发性的，这就注定了，新老皇帝的工作交接，必须是个十分精细的技术活。

然而，胤禛在处理这件事情上，却体现了少有的警惕性和前瞻性。

从地方到朝廷，胤禛拥有几个重要的棋子：

（1）年羹尧。年羹尧是汉军八旗的佼佼者，是康熙朝后期著名的军事领袖。年羹尧在仅仅 30 岁的时候，就已经升任四川总督。又在此后短短几年之内，历任陕甘总督和抚远大将军，官至一等公。尤为难得的是，兵权在握的年羹尧，外战战绩彪炳，在大清西部边防军队官兵心中威望极高。

年羹尧站队胤禛，最早是因为裙带关系。年羹尧的妹妹就是胤禛的侧福晋年氏，也就是后来胤禛做皇帝之后的年妃（《甄嬛传》中华妃的原型）。满汉八旗之间的这种通婚关系，在当时颇为常见，各种裙带关系网错综复杂。所以胤禛和年羹尧的私交甚厚，其实才是问题的真正关键。这种过从甚密的私交，保证了在康熙皇帝晚年，胤禛在地方军事上的心理安全防线。

(2)戴铎。在胤禛登基之前，戴铎是胤禛最为信任的帐下幕僚。在康熙皇帝的皇子们长期争夺储位的过程中，戴铎主动并且毫无保留地押宝胤禛，体现出了他本人高于常人的政治判断力。

这个时期胤禛的个人行事风格，到底受到了戴铎多大程度的影响，我们无法量化分析。但从结果来看，胤禛在一步步拿到皇位的过程中，的确是身体力行地践行了戴铎的策略。所以我们认为，戴铎功不可没。

（3）隆科多。隆科多是胤禛的亲舅舅，也是康熙皇帝晚年时的步军统领。步军统领，俗称“九门提督”，是京城防务中最为关键的角色。康熙皇帝传位前后，其实无论谁接班，都需要首先控制京城和紫禁城。比如我们前文讲到的唐朝历次政变，成功的关键，其实就是控制京城尤其是大内皇宫的防务。比如前文提到的李世民的胜利、李重俊的失败，都是因为玄武门。

还有一点。隆科多长期陪伴在晚年的康熙皇帝身边，他担负了胤禛的信息传递工作。有了隆科多，就相当于杨广登基之前有了杨素，可以在皇帝身边搜集情报，也就不用像废太子胤礽那样，不顾形象地搞一个“帐殿夜警”的欺君之罪出来。

总而言之，无论是否出于夺位的准备，胤禛都时刻准备着迅速控制局面。

而反观胤禩，除了他的铁杆支持者——皇十四子胤祯的边防部队之外，几乎没有提前布局。这样即便是康熙皇帝传位给胤禩，他也并不具备快速上位的能力。而万一上演兄弟阋墙、血溅皇宫的情节，胤禩束手就擒的可能性很大。

四要素之四，情报竞争。

情报竞争来自两个方面，一是来自客户，二是来自竞争对手。

这两个点上，胤禛也都提前做了布局。比如说皇宫大内，隆科多便是胤禛的眼线，源源不断地提供了客户康熙皇帝以及其他竞争对手的消息。第二点很重要，但是却很难，不过胤禛做到了。根据后来的史料分析，胤禛早早就在胤禩的门下收买了很多细作，据说年羹尧也是充当过“双面间谍”的。

综上所述，单从理论上来讲，按照标准的销售项目四要素的单项比拼，胤禛无疑占据了非常明显的上风。

压垮骆驼的最后一根稻草，是“死鹰事件”。

康熙五十一年（1712 年）十一月，再次北巡的康熙皇帝在途中收到了留守的胤禩送来的礼物——两只老鹰。准确地说，两只死老鹰。谁也说不清楚鹰是什么时候死去的，谁也说不清楚一直受康熙皇帝冷落的胤禩怎么会突发奇想送了两只老鹰。为什么不是两只波斯猫或者哈士奇？这一切都已不重要，因为太晚了。

起源于东北白山黑水的满族，是一个典型的东胡渔猎民族，渔猎民族普遍有崇拜猎犬或者猎鹰的习惯，尤其是猎鹰。这种在满族人心中如同神灵一样的动物，胤禩一次就送了两只，两只都是死的。

可以想象一下当时康熙皇帝的反应，先是莫名其妙收到礼物，然后一脸懵地打开礼物，最后怒不可遏地丢掉礼物。

鬼使神差，造化弄人。

一着不慎，满盘皆输。

这件事情之后，康熙皇帝基本全盘否定了胤禩的“八爷党”。转而，已经步入晚年的康熙皇帝，开始着力培养另外一个年轻有为的皇子——十四子胤祯。

经过了残酷的标后直接竞争，笑着走到短名单行列的人，居然是皇四子胤禛和皇十四子胤祯。六家剩下了两家。呼声最高的废太子和皇八子，如今已经彻底成为明日黄花。很多人都惊掉了下巴。

胤禛和胤祯，将展开更加残酷的商战中的一对一比拼测试。

胤祯的希望

胤祯，皇十四子，他和胤禛有着同一个母亲——德妃乌雅氏。不过与哥哥胤禛相比，胤祯却有着极其不同的人生经历和处事方式。

不同之一：年龄差距。二人虽然是一母同胞，但是年龄却整整差了 10 岁，因此，二人在成长的过程中很难说能有什么共同语言。

不同之二：成长有别。两个人都是德妃的儿子不假，但是胤禛是由当时的皇贵妃佟佳氏抚养长大，而胤祯则是由德妃本人抚养。

这里提到的佟佳氏，是汉军八旗，她的去世时间很早，早在康熙二十八年就离开人世。临终之前，康熙皇帝下旨，册封皇贵妃佟佳氏为皇后，想用冲喜的方式挽救佟佳氏的生命。不过，佟佳氏第二天就离开人世，成为中国历史上在位时间最短的皇后。

佟佳氏的出身相当高贵，而皇四子胤禛早早就寄养在佟佳氏门下；对比佟佳氏，德妃乌雅氏的地位就低多了。因此，一母同胞的皇四子和皇十四子的关系一直不好。

还有个问题，康熙皇帝晚年身边的心腹隆科多，正是佟佳氏的兄弟。所以隆科多是胤禛的舅舅，而不是皇十四子胤祯的舅舅。

不同之三：站队不同。争夺皇位过程中，胤禛刚开始是站在皇太子胤礽一边，后来自己亲自出马；而胤祯则开始支持皇八子胤禩，后来自己出马与胤禛正面交锋。

不同之四：性格差异。胤禛的性格偏内向隐忍，阴冷平淡，而胤祯则热情似火，个性豪爽。这种先天的差异，是后天无法弥合的。

如此之多的个人差异决定了即便是一母同胞的两个亲兄弟，在激烈的皇位竞争中，也必然狭路相逢，刺刀见红。

从康熙五十六年（1717 年）开始，短名单上的两个竞争对手，同一个母亲的两位兄弟——胤禛和胤祯在康熙皇帝的一手策划之下，开始了“性能比拼测试”（执政能力演练）。

宿命的对决开始了。先看胤禛的表现。

1717 年，明十三陵发生盗墓事件，康熙皇帝派皇三子胤祉和皇四子胤禛查办，同时进行了祭拜工作；此后孝惠皇太后的后事安排，包括宣读祭文等，也都是由胤禛亲力亲为，完成得非常出色。

1721 年，康熙皇帝登基六十周年纪念，皇族被派往盛京（今沈阳）祖陵大祭。之后同一年的祭太庙等工作，科举考试案件，牵头人依然是胤禛。这连续的几次出头露面，显示出了胤禛极其干练的办事作风。

1722 年，通仓（通州粮仓）、京仓（北京粮仓）亏空案爆发，胤禛带领隆科多等康熙皇帝朝重臣前往查案，在此过程中，胤禛了解到了表面光鲜的康熙盛世背后很多不为人知的真相。

1722 年，南郊天坛祭天，生命已经风雨飘摇的康熙皇帝依然选择了胤禛主持。

胤禛，在一系列的测试考试中表现优异。

看完胤禛，我们看皇十四子胤祯。

1718 年春天，准噶尔部[①] 袭扰西藏，西藏的拉藏汗向中央政府求助。康熙皇帝任命胤祯为“抚远大将军”，奉旨讨逆。同时，加封胤祯为“大将军王”，并亲自降旨要求青海的蒙古王公配合胤祯的平乱工作。到第二年九月，此次平乱胜利告终，胤祯同时册立了新的达赖喇嘛，对于后世中央政权对西藏的主权的合法性，起到了开创性的作用。

这次远征，对于胤祯的历练是显而易见的。首先，兵权的掌握，当时他手下的西北总兵力，号称三十万；其次，执政能力的体现，在此过程中，胤祯不仅带兵，还需要协调蒙古王公以及西藏各路势力之间的关系，而他本人也交出了一份优异答卷。

在将西藏安顿好之后，1721 年，胤祯又挥师新疆伊犁，准备一举荡平准噶尔。之后，在仔细分析了当时的敌我形势之后，他又提出了和谈的建议，得到了康熙皇帝的高度赞扬。

比拼测试结果出炉，胤禛和胤祯两兄弟，各自体现了自己成熟干练的做事风格，结果上也几乎打成了平局。那么对于最终客户（康熙皇帝）来讲，究竟是选择哪个厂家？又何时宣布中标结果？这道难题又一次摆到了康熙皇帝面前。毕竟，皇位只有一个，根本不存在两家分标的可能。

何去何从，这是个问题。

---

① 准噶尔部：是厄拉特蒙古的一支部落。17 世纪到 18 世纪，准噶尔部控制天山南北，在西起巴尔喀什湖，北越阿尔泰山，东到吐鲁番，西南至吹河、塔拉斯河的广大地区，建立史上最后的游牧帝国。宗教上他们信奉藏传佛教，对西藏也有一定的影响力。不过，由于其严重威胁清王朝统治，在 19 世纪被清朝几次军事行动灭亡。

雍正的胜利

世界上最怕两个词，一是执着，二是认真。

正是借助执着和认真的个人风格，胤禛取得了最后的胜利。

当胤禛和胤祯的对决陷入僵局，比拼测试也看不出任何高下之分的时候，决定战局的最后一击终于来了。

1722 年（康熙六十一年）的一天，康熙皇帝非常凑巧地在承德避暑山庄遇到了胤禛最引以为傲的儿子——弘历，也就是后来的乾隆皇帝。这一面只是康熙皇帝六十一年皇帝生涯中，与他九十七个皇孙中的一员，极其平常的一次见面，然而，这次会面所产生的影响却足以改变历史的走向。

因为这次相遇，从这一年的春天开始，弘历开始陪伴在晚年康熙皇帝的身边侍读伴驾。康熙皇帝居然把畅春园中的“澹宁堂”赐给弘历专用，体现了一种不一样的偏爱。而这段日子，也成了日后乾隆皇帝最值得珍藏、最值得骄傲的回忆。很多人的恋爱技巧里面，就有制造“偶遇”或者制造回忆这一条。我想这一点，老辣的胤禛应该用得比我们更纯熟。

事实证明，当与竞争对手的产品性能比拼测试出现僵局时，保留一个足以致对手于死地的技术参数，放在最后提供给客户测试，是一条出奇制胜的妙计。

我们已经很难去复盘胤禛最后的胜利，是不是真的同弘历有强相关联系，但是毋庸置疑，貌似低调的胤禛，其实每一步都经过了精心策划，这一次也不例外。

康熙六十一年十一月，清代最雄才大略的皇帝——爱新觉罗·玄烨（康熙皇帝），走完了最后的人生路。但遗憾的是，直到最后，康熙皇帝都没有能够当着所有皇子的面宣布皇位的继承权问题。康熙皇帝将自己的接班人人选，写进遗诏并交给了胤禛的舅舅隆科多。

结果是，胤禛中标，同年登基，也就是后来的雍正皇帝。

就如现代商战，一旦甲方按照法定程序开标，乙方无论中标还是丢标，都必须尊重游戏规则，愿赌服输。再多的辩白，再多的抗议，都是徒劳的。成王败寇，十四子无论如何委屈、如何不服，事实已经不可更改。

只不过，如果缺少了公平、公正、公开之中最重要的“公开”，前两项都已经变得那么苍白无力。皇帝这项职务的终身制害死人，害了康熙皇帝，也害了雍正皇帝。

大义觉迷录

关于继承皇位的合法性问题，胤禛甚至在登基之后专门写了一篇《大义觉迷录》来澄清所有的关于皇位的不实揣测。《大义觉迷录》用了大量篇幅来摆事实讲道理，不厌其烦、絮絮叨叨就是为了说清楚两件事情：

（1）清朝不是个坏朝代；

（2）胤禛不是个坏皇帝。

胤禛在这篇论文里先抱怨自己如何如何不容易，所以大家虽然还不了解所有事实真相，但至少能够对胤禛的所作所为产生非常大的同情。但是耿直的胤禛，在这个时候突然笔锋一转，接着说，我都这么不容易了，你们这些刁民还都不理解我，该死，都该死！于是，前面所有的努力都前功尽弃，吃瓜群众的同情瞬间又转化为敌视。

比如这句："我朝之为君，实尽父母斯民之道，殚诚求保赤之心。而逆贼尚忍肆为讪谤，则为君者，不知何道而后可也。"（《大义觉迷录》）你看看，我胤禛是如此的爱民如子，殚精竭虑为你们服务。可是你们这些逆贼，居然还诽谤我。

而对于惊心动魄的畅春园传位事件，胤禛也在文中诉了几句苦。胤禛如是说：

"父皇死后传位给我，我的第一个反应就是哭得死去活来，其他人都让我节哀。可是猪狗不如的胤禩、胤禟还带头诽谤我。你们这些逆贼，还诬陷我杀父逼母，坏透了。”（“隆科多乃述皇考遗诏，朕闻之惊恸，皆仆于地。诚亲王等向朕叩首，劝朕节哀……夫以朕兄弟之中，如阿其那、塞思黑[1]等，久蓄邪谋，希冀储位……而逆贼忽加朕以谋父之名，此朕梦寐中不意有人诬谤及此者也。又如逆书加朕以逼母之名，伏惟母后圣性仁厚慈祥，阖宫中若老若幼，皆深知者。”《大义觉迷录》）

声泪俱下博同情，一言不合就骂街。

效果很不理想。

很多情况下，对于误解不用试图去解释，因为越解释越会增添别人揣测的兴趣。你的每一次新的解释的论据，都会成为别人下一次质疑的新论点。很多人都认为，这篇《大义觉迷录》是胤禛一次不合格的政治秀，最后适得其反。但我们如果从犯罪心理学的角度来考虑问题，胤禛抱怨式发泄式的文风，完全不像是一个窃取大位的自然人的反应，反而恰恰体现了他无奈和愤怒的情绪。这样的胤禛，才更像是一个被冤枉很久的人，才是一个真实的胤禛。

且不管胤禛是不是被冤枉。

康熙皇帝的猝然离世，最大的痛苦其实来自十四子胤祯。对于客户（康熙皇帝）突然宣布中标结果（皇位归属），胤祯居然完全没有任何预案，不管康熙皇帝最后到底是倾向于四子还是十四子。胤祯，不得不吞下自己疏忽大意丢标的苦果。而且，商业投标如果投诉过程不公，可以重新组织投标。但是，对于皇位的招标，几乎是不可逆的。胤祯从前线回京城后，在灵前质疑传位结果，毫无疑问是徒劳的。

---

① 阿其那、塞思黑：“猪狗”的意思，胤禛用来指皇八子胤禩和皇九子胤禟。

胤禛根本无需解释。因为，成王败寇。

因为，胤禛用自己的实际行动履行了自己皇位招投标期间所有的商业承诺，从1722年荣登大宝，到1735年暴毙，胤禛殚精竭虑，发愤图强，用自己的生命书写着属于皇帝的荣誉。最后的死，也跟他疯狂工作、积劳成疾有很大关系。

无论历史如何定位胤禛这个人，至少有一点我们是清楚的。那就是，胤禛对得起自己辛苦投标得来的天下，对得起皇帝这份其实并非一劳永逸的职业。

然而，“九子夺嫡”故事本身，将永远披着一层神秘的面纱，在后人口中代代相传。

朱元璋的子孙相残

朱元璋是一位极端理想化的现实主义者；朱允炆，是一个极端理想主义者；朱棣，是一个极端现实主义者。

其实正德皇帝一点都不傻，他只是太压抑了。庙号中配享一个“武”字的，就一定不会是饭桶。

朱元璋给了一个皇帝继承人的参考模板，而这个模板就是父亲口中的“别人家的孩子”，可悲的是，这个“别人家的孩子”实际上并不存在。那是朱元璋的理想人格，终其一生，是连他自己都无法企及的完美形象。

燕王朱棣和宁王朱权的演技差距，就是老戏骨和小鲜肉的专业差距。

嫡长子的遗憾

朱元璋是历史上另外一个子孙满堂的皇帝，他一共生了 26 个儿子、18 个女儿。而且对比康熙皇帝，朱元璋在传位这个问题上很早就严格确定了操作规范，因此在皇位继承人即位的过程中，并没有出现像清康熙一朝的扑朔迷离。然而，即便如此，就在新皇帝即位后的几年内，朱元璋的子孙们分成两派，在中国大地上上演了一场叔侄相残的悲剧。我们来看一看当时发生了什么。

朱元璋是一位极端理想化的现实主义者。

从朱元璋生前所作所为来看，他的身上一直充满了理想与现实之间的激烈碰撞。这种价值观的形成，根源在于朱元璋是在中国历代帝王里面为数不多的真正出身于草根的人。正因为出身于草根，朱元璋更加了解民间疾苦，在登基称帝之后也更加根植于现实地来实现自己的执政理想。换句话讲，在朱元璋的脑海中，他要建立一套亘古未有的治国方略，实现社会纯粹的公平正义，杜绝前朝历史上出现过的一切可能的弊端。他的反面参考模板，就是他幼年时期接触到的元末乱世百态。为了这个理想，他不惜用矫枉过正的方式来制定国家政策。

比如肃贪。朱元璋规定，官员贪腐超过六十两白银（约折合人民币一万多元），就构成死罪。我们可以对比一下今天的标准：我国在 1997 年时的受贿罪判刑标准是受贿 5000 元人民币，而这个标准到了 2016 年做了一次修正，由受贿 5000 元上涨到了 3 万元。注意，这个标准指的是构成犯罪和判刑的标准，并不是执行死刑的标准。今天按照朱元璋的标准，如果有官员受贿 3 万元，已经可以直接拉出去枪毙了。正因为这种近乎变态的刑罚标准，在洪武一朝，被处死的贪官或疑似贪官，超过了 15 万人，多数人死后还被以极其残酷的方式示众，如剥皮填草。

比如海禁。为了防范倭寇[①]和海盗的骚扰，朱元璋索性关闭了所有的海外贸易，规定“寸板不许下海”。这种严格的海禁制度一直到大明王朝建立 200 年后的隆庆时代，才有所松动，其间的郑和下西洋[②]，也只是官方形式的昙花一现，而且郑和死后不久，所有的航行资料就被有组织地付之一炬了。

比如官制。为了杜绝汉、唐、宋这些朝代出现的奸相乱政问题，朱元璋索性取消了丞相这个职务，要求后世皇帝必须亲力亲为。不仅如此，朱元璋还特别补充了一条，如果后世有大臣蛊惑皇帝设立丞相的，马上凌迟处死，全家抄斩。

不仅仅是治国方略，还有治家方略。

朱元璋把他的治家方略，全部浓缩在了一本名叫《皇明祖训》的书里。这本书的内容，大到指导后世皇帝制定邻国外交政策，小

---

① 倭寇：是指 13 世纪到 16 世纪左右侵略朝鲜、中国沿海各地和南洋的日本海盗集团的泛称，除沿海劫掠以外主要从事中日走私贸易。

② 郑和下西洋：是明代永乐、宣德年间的一场海上远航活动，首次航行始于永乐三年（1405 年），末次航行结束于宣德八年（1433 年），共计七次。在七次航行中，三宝太监郑和率领船队从南京出发，远航西太平洋和印度洋，拜访了 30 多个国家和地区，是中国古代规模最大、船只和海员最多、时间最久的海上航行，也是 15 世纪末欧洲地理大发现的航行以前世界历史上规模最大的一系列海上探险。

到皇室和亲王子孙们的辈分用字，甚至皇帝每天正常吃喝拉撒睡的标准，都规定得一清二楚。

让我们看一看，在朱元璋眼中，一个合格明代皇帝的一天：

凌晨繁星满天的时候，皇帝就要起床（“星存而出”《皇明祖训》）上早朝，太阳出来之后结束早朝；除了早朝，还要上晚朝。朝会的时候，皇帝需要面对京城所有大小官员的参拜和朝议。所有在京城的大小官员，只要是拿俸禄有品级的都算。因此皇帝上朝的时候，动辄就在午门之外黑压压跪一千多人；因为没有丞相，所以除了朝会之外，皇帝还要亲自处理政务，成捆的奏章都必须自己逐条过目和审批；如需和自己的亲信或大臣议事，皇帝要时时警惕，以防被心怀叵测的人偷袭。身边的带刀侍卫不能走远，必须严格保持在十丈以内；吃饭要按时，其间要少喝酒。皇帝除了出差之外，中午饭不许吃太多。（“酒要少饮，饭要依时进，午后不许太饱。在外行路则不拘。”《皇明祖训》）除了工作之外，不能看戏子唱戏，也不能欣赏音乐，晚上大摆宴席更是不可能。（“无优伶进狎之失，无酣歌夜饮之欢。”《皇明祖训》）；忙了一天的皇帝，只准睡在乾清宫，不准随便到后宫厮混。翻嫔妃们的牌子要有节制和次序，不能纵容皇后专权，也不能专宠后妃；晚上要尽量晚睡，早上要尽量早起。（“凡帝王居宫，要早起迟睡。”《皇明祖训》）夜里睡觉要特别警惕，注意城中有没有异常动静；常备武器和盔甲在身边，宫门和京城四门门口，要时刻备有快马。一有异常，时刻准备逃跑避祸。

第二天，又是一模一样的一天，没有周末，也没有休息日。

面对这样的祖宗遗训，后世皇帝当然可以委屈，也可以不服，但是你却不能改动朱元璋制定的祖宗成法，因为你能想到的小聪明，朱元璋早就想到了。为此，他老人家特意在《皇明祖训》中写上了这样一句话："凡我子孙，钦承朕命，无作聪明，乱我已成之法，一字不可改易。非但不负朕垂法之意，而天地、祖宗亦将孚佑於无穷矣！呜呼，其敬戒之哉！"这句话翻译成现代白话文的大俗话就是：老子已经写好的东西，已经是世界上最完美的祖宗遗训了。你一个字也不能改，你要是敢修改，皇天后土和八辈祖宗都不会保佑你。

事实上，只要是朱元璋敢于写进《皇明祖训》里面的话，都是他对后世帝王的具体要求，当然也是他无比认同并且在生前身体力行的皇帝标准。这样的标准，近乎苛刻。除了朱元璋这种几百年出一个的工作狂，其他人如果按照同样的标准来要求自己，最后一定会被折磨成精神病。

朱元璋想用自己的孜孜不倦、狂热工作，用一辈子的时间干完子孙后代几辈子的活，同时制定一套对内治家、对外治国的总方略，只要按照这套方略执行下去，自己的子孙后代即便不动脑子，也可以实现大明王朝的长治久安。朱元璋在晚年培养皇位继承人的过程中，更是照方抓药地践行了自己一生的追求——凡事要么不做，要么做绝。

其实说白了，洪武帝朱元璋实行的一些做法，具备鲜明的个人特征，因此有很大的不可操作性，即便是做成了祖宗成法，也很难继承下去。后来的明武宗朱厚照就是被所谓的祖训压垮，最后变成一个离经叛道的人。其实正德皇帝一点都不傻，他只是太压抑了。庙号中配享一个"武"字的，就一定不会是饭桶。当然也有有样学样的，比如后来的明思宗朱由检[①]。朱由检立志做一个像先祖朱元璋那

① 朱由检：（1611—1644年），即明思宗，字德约，明朝第十六位皇帝，亦是明朝作为全国统一政权的最后一位皇帝，明光宗朱常洛第五子，明熹宗朱由校异母弟。崇祯十七年（1644年），李自成军攻破北京时，于煤山自缢身亡。

样的人，但是他也只是在形式上做到了，通宵达旦，晨习日讲，做皇帝十几年，连个好觉都没有睡过。然而，这样的折腾，就像是一个班里普通资质的学生，你偏偏要他向学霸看齐，搞到最后连自己吃饭的本事都搞丢了——煤山上吊，身死国灭。

朱元璋的这一套，就像是一个吹糖人或者捏面鱼的民间手艺人，就算你做得再好，都是你个人技能的无上精通。如果没有徒弟继承你的精髓，这门手艺整个也就失传了。所以，李约瑟认为，很多中国古代领先世界的东西，都是靠经验而不是靠大规模工业化和流程化来保证的，这话说得有道理。从朱元璋这里，我们也能看得出些许端倪。

朱元璋培养的第一个皇位继承人，是他的长子朱标。按照朱元璋在《皇明祖训》中严格确立的嫡长子继承制，朱标是朱元璋正妻马皇后的第一个儿子，也就顺理成章地占据了皇位继承第一顺位。

所谓的嫡长子继承制，其实是古代社会自然而然形成的一种规矩。如果不立这样的规矩，那上到社会，下到家庭单元就全乱套了。

比如说一个地主老财，手里头有点小钱了就难免讨个三妻四妾，有了一大群女人做妻做妾，舒坦倒是舒坦了，只是有个副作用：有女人就必然会生孩子。古代没有计划生育，孩子就必然越生越多。

那么问题来了，这么多孩子长大了，地主老财也快油尽灯枯了，就必然会涉及到财产继承权的问题。但是首先，在古代没有律师这个行业，写了遗嘱也未必就好使。其次，人都是有贪欲的，在财产的诱惑面前，人人都想多拿多分。如果这个问题处理不好，一家子人就会闹得不可开交，本来地主老财还想着多子多福呢，结果很可能尸骨未寒，孩子们就已经大打出手甚至骨肉相残了。

于是就立规矩，只有正妻生的孩子才能继承，妾生的孩子，原则上啥也不是。所以，贾宝玉可以在荣国府众星捧月，而赵姨娘生的贾环则只能低三下四，甚至被丫鬟婆子欺负嫌弃。

不过，正妻也不会只生一个孩子，地主老财的财产倒是好分割，那一家子人如果以后还是吃大锅饭的话，接下来谁当家呢？这很重要，这决定着地主家一起下地干活，谁负责分配任务、发放工钱；也决定着老财家的当铺，以后谁是掌柜的，就好像《大宅门》里面的白家一样。于是就规定，只有正妻家的长子，才有资格继承这个权力。

这样一来，至少从理论上，所有的问题都迎刃而解。

古代宗法社会，无论是底层的地主财主家，还是金字塔顶端的皇帝家，严格的嫡长子继承制，是解决家庭纠纷的不二法门。

嫡长子朱标的一生，是严格按照朱元璋的理想来培养的。我们在讲这句话的时候，不知道是应该为朱标感到高兴，还是绝望。用今天的观点，朱标有这样的一位父亲，他的少年时代，一定充满了各种痛苦和不快乐。而且悲催的是，生活在聚光灯之下的朱标，无论喜不喜欢，他都要按照皇位继承人的苛刻标准来要求自己。在朱标的眼中，朱元璋给了一个皇帝继承人的参考模板，而这个模板就是父亲口中的“别人家的孩子”，可悲的是，这个“别人家的孩子”实际上并不存在。那是朱元璋的理想人格，终其一生，是连他自己都无法企及的完美形象。

所以，我们在史书中看到的朱标，是一个近乎完美的人，诸如“孝友仁慈，出于至性”“为人友爱”（《明史·卷一百一十五·列传第三》）。身后充斥了各种上古圣君先贤的伟大光环。虽然我们并不知道，这些外在光环，到底有几分是他的本性，有几分是他违心的表演。这些其实都已经不重要了，因为一生都活在朱元璋阴影里面的朱标，于洪武二十五年，也就是公元1392年就死了，早早就死在了父亲的前面。

嫡长子朱标的成长之路，倾注了朱元璋太多的个人心血。然而，貌似优秀的朱标，始终生活在“别人家的孩子”阴影之下。朱标一生只活了37岁。其间最大的闪光点，一是保护兄弟；二是考察关中地形，为迁都长安调研。朱标死后，被谥号“懿文”，所以类似于前文讲到的隋炀帝杨广的元德太子，朱标又被称为“懿文太子”。

朱标的死因众说纷纭，但毫无疑问的是，这件事情从精神上沉重地打击了明太祖朱元璋。

这一年的朱元璋，已经64岁了。老来丧子，而且是自己倾尽半生心血培养的皇位继承人。这样的苦涩，一直以政治军事强人面目示人的朱元璋自然不愿多说，但是他所有内心的悲苦，都将转化为接下来所做出的一系列政治决策。

第一个决策：立储。

朱标的儿子朱允炆（wén），虽然时年只有15岁，然而朱允炆却跟他的父亲有着极其相似的秉性，比如温文尔雅、至纯至孝这种评语，用在父子二人身上其实都是成立的。痛失爱子、年逾花甲的朱元璋，将自己所有的心血都倾注在了少年朱允炆身上。不久，朱允炆就被立为皇太孙，成为朱标之后朱元璋选定的第二位皇位继承人。朱允炆的存在，让朱元璋忘记了他还有朱标以外的其他二十几个春秋正盛的儿子们。而这种选择性遗忘，让很多人感到绝望，比如朱允炆的四叔燕王朱棣，就是其中一个。当然，公道地评价，朱元璋的内心世界里，立皇太孙的另外一个原因，是朱元璋想用自己的行为树立一个后世子孙立储的标杆，那就是严格的嫡长子继承制，以免产生不必要的纷争乃至厮杀。

第二个决策：政治运动。

朱元璋洪武一朝，曾经有很多开国功臣被杀，原因很简单，朱元璋担心这些人在自己死后图谋不轨，夺取自己子孙的江山。也正因为如此，早在朱标还在世时，朱元璋就曾经发起调查“胡惟庸案”，倒霉的胡惟庸头几天还在通倭寇，过几天就可以通北元。总之胡惟庸是不是确实有罪并不重要，有什么罪也不重要，重要的是用“胡惟庸案”这个壳子，往里面装入更多应该去死的人。胡惟庸案持续了整整十年，其间被杀的人达到三万，老一辈的开国功臣，几乎被清洗殆尽。胡惟庸案的血迹未干，朱标去世，更年轻的朱允炆被立为皇太孙。朱元璋如法炮制，发起调查“蓝玉案”，因蓝玉案被株连杀戮者达到了一万五千多人，朝廷上，所有可能对皇太孙构成威胁的政治势力，被重新洗牌。

能够威胁到自己孙子即位的内朝的政治势力被陆续摆平。而如何摆平外族的战争压力，朱元璋这些年来所仰仗的，是陆续把自己成年的儿子们分封为藩王，就藩的地点往往选择在北方对抗北元军队的一线，明初就藩于北方边塞的九个成年藩王，也叫“边王”或者“塞王”。他们在强势父亲朱元璋的强制安排之下，不允许留恋南京秦淮河畔的花花世界，统统被赶到经济已经下滑的寒冷北方边陲之地吃土。比如我们前文提到的，在北方游牧民族进攻选择中生死攸关的关中、云州（大同）、幽州（北京）三个方向，朱元璋派驻了诸王中年龄相对较大，当然实力也相对较强的次子秦王朱樉（shǎng）守关中，三子晋王朱棡（gāng）守太原，四子燕王朱棣守北平。另外，其他诸王在北方沿明长城一线一字排开，帮助皇帝防备北方异族的入侵。其中比较有名的是，代王朱桂守大同，宁王朱权守大宁（今内蒙古赤峰市宁城县），辽王朱植守广宁（今辽宁省北宁市）。

朱元璋的九个儿子沿着长城一字排开，抵御外敌，后来被叫作“九王守边”；这九个藩王，被称为“边塞九王”；而九王所把守的地区，被称为“九边”。明末名帅熊廷弼被冤杀之后“传首九边”，说的就是这个“九边”。

事实上，朱元璋如此战略部署，可谓用心良苦。

秦朝在消灭六国的基础上，依靠法家思想，幻想建立一个真正的皇权专制体系，因此急火火地实行了郡县制，得罪了六国贵族不说，还让一个强大的大秦帝国在短时间内灰飞烟灭。后来的汉、晋两朝，参考了秦亡的教训，在保留郡县制的基础上实行同姓诸王分封，结果搞出了闹哄哄的“七国之乱”和“八王之乱”。尤其是西晋司马氏，对外战争不怎么样，自家兄弟对砍，倒是耍得有模有样。

正因为前朝的教训太过深刻，后来的唐、宋两朝，索性对分封的藩王不再赐予封地。比如前文提到的临淄王李隆基（唐玄宗）、端王赵佶（宋徽宗），都是只有封号而没有封地。用国库的银子养着你吃喝玩乐可以，但不允许你列土封疆。这种极端政策，导致唐末出现了草头王专权地方的藩镇割据，进而发展成为五代十国这种全国性的大分裂、大混乱；大宋则更惨，两次亡于异族之手，祖宗蒙羞，生灵涂炭。

血泪教训在前，因此朱元璋结合了分封制和郡县制的优点，对两者进行了有机结合，形成了极具特色的明代藩王制度。

简单来讲，明太祖朱元璋为了限制地方做大，取消了元朝的行省制度，也没有继承前朝的刺史、州牧、节度使等制度。转而，在原来元朝各行省基础上，废行省而设“承宣布政使司”，比如陕西承宣布政使司，河南承宣布政使司等。

明初全国共设置有十三个布政使司，布政使司中名义上的最高行政长官是“布政使”。布政使看起来级别相当于现在的省长，但实际上同其他两个行政长官“按察使”和“都指挥使”属于平级。布政使主管行政和钱粮调度，按察使主管当地司法，都指挥使主管地方军事，三司在行政级别上都是从二品，又都分别可以向中央相关部门进行直接汇报。这样，在地方上，就形成三司互相制衡的“三权分立”的权力制度。为了避免地方做大，朱元璋在省一级的行政单位分权，是一个大明版本的“三权分立”。

然而，省级行政以下的“知府”“知州”“知县”则无法三权分立，只能够全盘接受三司不同的行政命令（卫所除外），造成了明代基层地方官工作强度很大，工作内容不胜其烦。这是提升了公平却降低了效率的典型案例。

不仅如此，在地方军事上，承宣布政使司又和地方藩王权力交错。从理论上讲，藩王的职能主要侧重于军事，尤其是边防。然而，布政使可以控制地方藩王的财务，都指挥使又可以同藩王的军事部署相互影响。藩王和三司任何一方都不可能发展到尾大不掉的程度。在朱元璋的头脑中，这是一个堪称完美的军政相互制衡的地方官制和藩王分封制。

诸王守边的形势，如图 4-1 所示。

当然，为防止藩王军事势力过大，朱元璋在《皇明祖训》这本家族红宝书里，严格规定了藩王的活动原则，并限制藩王的部队编制为“三护卫”。也就是说，对于边塞上的藩王来讲，拥有带兵打仗的权力是很正常的，但是带兵的规模要受到严格限制，最多只能有三护卫。每个护卫规定 3000 到 15000 名士兵。这样一来，按照规定，三护卫的总兵力一定不会超过五万的编制。朱元璋以“三护卫”制度，来对各路藩王们进行军事上的约束。

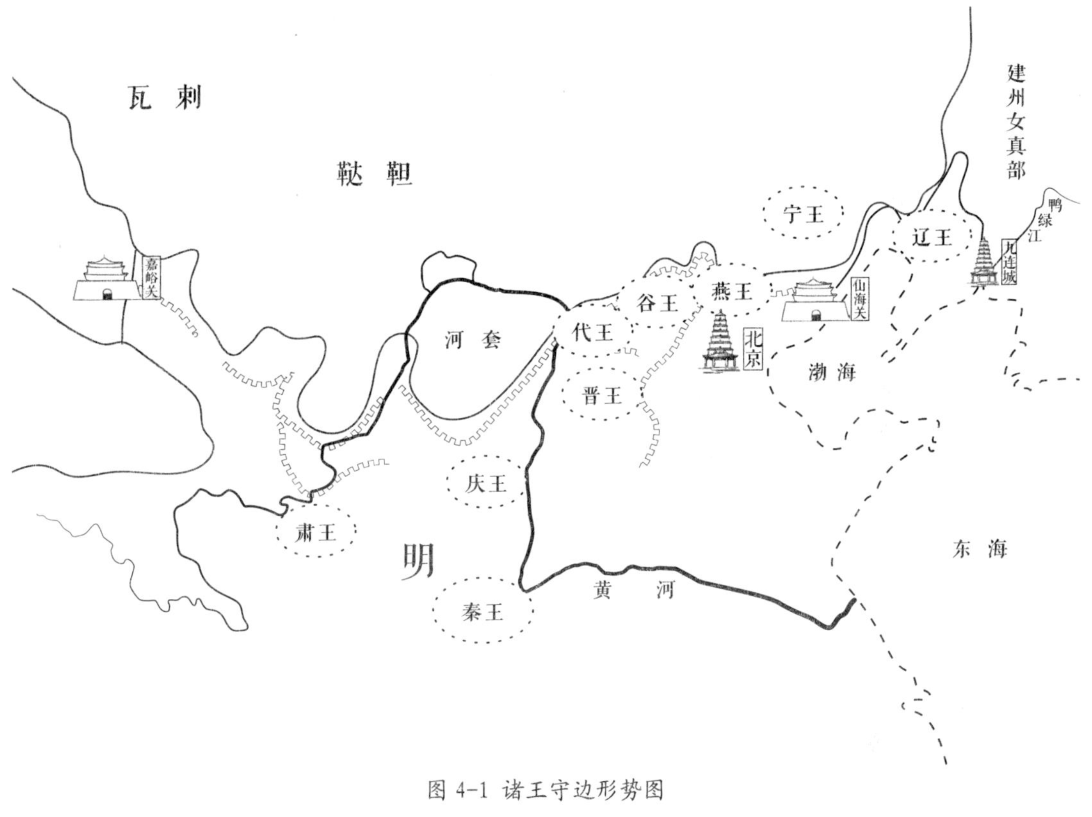

图 4-1 诸王守边形势图

晚年的朱元璋，按照自己对政治的理解，为长孙朱允炆的登基铺就了一条坚实宽阔而又血迹斑斑的大路。公元 1398 年，工作狂朱元璋，极端理想的现实主义者朱元璋，走完了波澜壮阔的一生。同一年，朱允炆顺利即位，史称建文帝。

朱元璋终于可以放心地去见自己的儿子朱标了，因为他交到孙子朱允炆手中的大明帝国，至少看上去很美。

大侄子的任性

朱允炆，是一个极端理想主义者。

朱允炆的理想，是建立一个实行儒家“仁政”的世界。在这个世界里面，君王既是普天下的政治领袖，又是这个社会的道德楷模。而这个世界里的百姓们，则人人有饭吃，人人懂礼貌，人人守法纪。朱允炆的年号“建文”，体现着鲜明的个人色彩，从而与明太祖朱元璋的年号“洪武”形成了风格迥异而又意味深长的对比。

朱元璋是马上得天下，而且在他本人幼年的生活经历中，对于元末的官僚体系产生了非常大的憎恶。因此在洪武一朝，文人的地位并不高。在治理天下的过程中，朱元璋知道自己离不开读书人，但他又处处防着这些看起来一肚子坏水的读书人。与此同时，朱元璋用自己夜以继日的忘我工作，来弥补读书人的缺位造成的政治真空。当朱元璋发现，单纯依靠自己的个人能力，就大概能够控制政局的时候，他就开始对文人士大夫们采取有针对性的防范措施。一旦发现有表现异常的风吹草动，朱元璋便会采取手段，对付这些不安分的读书人。

比如当年的锦衣卫，就是朱元璋为了监视爱说怪话发牢骚的士大夫们而设立的特务机构。酸腐文人们往往晚上喝点小酒、听点小曲，就开始嘴上没有把门的，指点江山、信口开河起来。结果，他们的酒话和疯话第二天就会一字不落地传到皇帝耳朵里。

轻则锒铛入狱，重则灭门抄家。

可以这样讲，朱元璋时期的士大夫们，都是把脑袋别在裤腰带上过日子的。每次上朝会之前，酸腐文人们都要回忆一下昨天晚上有没有胡说八道，如果确认没有，则信心满满；如果实在想不起来，那就在出发之前，跟家人做一次庄严肃穆的告别。因为这一去，还不一定回得来。

与朱元璋时期截然不同的是，建文帝时代的读书人们，则真正地实现了儒家学者的登堂入室。建文帝信任的齐泰、黄子澄、方孝孺等名臣，都是饱读诗书高中进士的大儒。而建文帝本人，也不是朱元璋那种日理万机的工作机器，更谈不上所有的事情都乾纲独断。事实上，朱元璋的后世子孙们多半都不具备与朱元璋相媲美的治国能力。即便有那样的能力，也未必有那样的精力；有那样的精力，也未必有那个体力来支撑自己的健康。所以建文帝时期，虽然没有设置丞相一职，但齐泰、黄子澄、方孝孺等大臣，同建文帝一起组成了一个领导团队。齐泰等人的分工各有不同，齐泰任兵部尚书，黄子澄为翰林学士，方孝孺为侍讲学士（相当于皇帝智囊团负责人）。职务虽然不同，然而三个人的出身秉性却基本雷同，比如正直、忠诚、学富五车、富于政治理想。也正因为如此，建文帝的这个领导团队被称为“秀才朝廷”。三个政治理想家，遇到了一个极端理想主义者朱允炆，组成了“秀才朝廷”。他们是真正怀着儒家的家国天下之梦，凭着一腔为国为民的热血在不知疲倦地工作。

在建文一朝刚开始，秀才朝廷的很多举措，获取了朝野上下极大的民意支持，比如废除很多朱元璋制定的严刑峻法，又平反了诸多在洪武一朝的冤假错案。同时，重视科举，广开言路，儒家弟子们迎来了空前的政治上的春天。

然而，按照个人好恶，以道德楷模的方式来选拔人才，是一种政治上的严重不成熟。古代官场政治离不开厚黑和手段，一个称职的皇帝在用人方面，一定不是以儒家道德和学术高低作为唯一标准，而是更加看重实际执政中的经验和手段。俗话说："水至清则无鱼，人至察则无徒。"官场需要治人，不接地气的政治家，其实就是空想家。比如建文帝所信赖的方孝孺，曾经撰写过很多抒发政治理想的书和文章，可谓著作等身。然而，这些作品的文学价值固然很高，但其中的施政内容却因缺乏最基本的实践考验，而流于空谈。

所以，我们有理由相信，当以建文帝为核心的中央政府遇到复杂的政治局面或者遇到更加强劲的政治对手的时候，难免秀才遇到兵，有理说不清。

建文帝有理说不清的第一件事，就是削藩。

削藩的动因，是建文帝看到各路藩王渐渐势大，怕自己的叔叔们尾大不掉。比如前文所讲的宁王朱权。宁王朱权虽然只有二十出头，但却是"守边九王"里面势力最大的一个。这个时候宁王甚至已经把标配的"三护卫"，扩展到了"带甲八万，革车六千"（《明史·卷一百一十七·列传第五》）。插一句闲话，朱权是第一代宁王，朱权后来有个后人叫作朱宸濠，是第四代宁王。朱宸濠起兵作乱未果，成就了一代圣贤王守仁。

削藩的理论基础则是来源于齐泰、黄子澄的战略分析，他们引用了西汉"七国之乱"和西晋"八王之乱"的旧事启发建文帝，希望建文帝立即采取有效措施限制藩王权力。建文帝最终听从了这两位智囊的建议，正式启动削藩。

应该讲，站在建文帝的角度，削藩的决策本身并没有问题，但是削藩的方式选择却严重错误。

第一，削藩的时机选择过于急迫。年轻的建文帝刚刚登上帝位，他迫切需要的是站稳脚跟，控制局面，进而取得满朝文武大臣更深的信任和效忠。往往一个新皇帝上台，不管前朝的大臣是否怀有二心，都一定会重新洗牌，将中央以及地方上的军政要员，逐步替换成自己信任的人。然而这种人事调整，往往需要至少几年时间的磨合。就像煲汤一样，要掌握火候和时机，如果时机不到，则很容易生变。很遗憾，建文帝只等了几个月，没等到自己全面掌控政局，就迫不及待地表达了削藩的意愿。

第二，削藩的顺序选择错误。当时的齐泰和黄子澄关于削藩顺序，曾经有过一番争论。齐泰的意见是从诸王中最强的燕王朱棣下手，然后再去收拾其他相对弱一些的藩王。理由是，射人先射马，擒贼先擒王。但年轻的皇帝经过反复考虑，最后采用的是黄子澄的意见，从柿子里面最软的开始捏起，最后再动实力最强的燕王。不过，建文帝忽略了一点——如果从最弱的藩王开始实施削藩，那就一定会打草惊蛇，结果只能使燕王朱棣提高戒备，从而争取到更多的时间来做抵抗的准备。

第三，削藩的B计划准备不足。削藩无非几种方式，要么和平解除兵权，要么朝廷派兵抓捕，最坏的一种结局就是开战。总之就是先礼后兵，但不管是礼还是兵，都需要做好万全的准备，上、中、下三策都要做好行动预案，以防不测。然而，从结果分析来看，建文帝根本没有做好认真的战争准备。换句话讲，建文帝可能从心理上，并没有做好叔侄反目、兵戎相见的最坏打算。

其实，退一步讲，建文帝的这一切，又都不算错。因为朱允炆不是朱元璋，他的执政理念里面，压根就没有祖父那样狠辣的手段，反而充斥了更多的儒家“以德治国”的仁政思想。不过无论如何，削藩的动议一旦通过，秀才朝廷就已经身不由己，走上了一条只许胜不许败的不归路。

建文帝由弱及强，先后废掉了周王、齐王、湘王、代王、岷王五位亲王。秀才朝廷到底是经验不足，首轮削藩期间，发生了很多令人遗憾的事情，让其他的藩王感到唇亡齿寒。比如湘王朱柏，就因不堪受辱而点火自焚。削藩削藩，削来削去并没有削掉大鱼，反而逼死了老实的湘王朱柏。侄子建文帝的任性之举，给各地的藩王们，带来非常大的震动。

比如，很早就怀有异心的燕王朱棣。

四叔奔丧

朱棣，是一个极端的现实主义者。

朱棣做每一步的决策都有强烈的目的性，任何徒劳无益的事情，有名无实的事情，在朱棣看来都是浪费时间。

朱棣是朱元璋所有儿子中的老四。

我们插句题外话——雍正帝胤禛和朱棣一样，都是老四。不仅如此，中国历史上排行老四的知名皇帝很多，我们前文曾经出场过的，北周武帝宇文邕，是乱世英雄宇文泰家的老四；不受待见的短命皇帝李重茂，是唐中宗李显家的老四；灭亡北宋，俘虏宋徽宗的金太宗完颜吴乞买，排行家中老四；乾隆帝弘历，是雍正帝胤禛家的老四。此外，汉文帝是汉高祖刘邦家的老四；汉明帝是东汉光武帝刘秀家的老四；蒙古汗国的监国拖雷，是成吉思汗家的老四；蒙古汗国末代可汗忽必烈，是拖雷家的老四；慈禧太后的老公咸丰帝，是道光帝家的老四；中国历朝历代的老四们，谱写了很多辉煌时代。

朱元璋所有的25个儿子里面，老四朱棣是最像他父亲的一个。朱元璋本人曾经给朱棣一个简单而清晰的评语——“棣儿类我”（明·鲁思俊·《西子丛话》）。正因为如此，作为当时朱元璋在世最年长的一个儿子，朱棣本人对于侄子的即位，最开始确实像吃了苍蝇一样难受。不过那个时候的朱棣，并没有什么造反的直接动因。如果权衡利弊的话，甘于放弃北平逍遥的燕王身份，而去赌一场以一隅对抗全国的造反，这件事情在朱棣眼中太不划算。

太祖去世，在朱棣看来，他是最应该去吊唁的那个皇子。当然，我们今天来分析朱棣当时的动机，多半还是要去探听新皇帝的虚实。但以情来讲，自十八年前就藩以来，自己远在北平而基本上再没有尽过孝道，太祖去世，他也希望能够见父亲最后一面；以理来讲，自己是朱元璋所有在世的儿子中的最长者，类似涉及祖宗礼法的事情，按照惯例一般是由朱棣出面。不过，这个最简单的要求，被刚刚即位的朱允炆严词拒绝，甚至在自己的四叔走到半路的时候，朱允炆派人去挡住朱棣的车马，搬出太祖遗诏来进行劝离工作。朱允炆的选择，或许确实是源自太祖临终前的安排，当然这同时也表达了新皇帝的一种态度——从现在开始，无论京城发生何种变故，都属于皇帝的家事，跟外地的藩王没关系。皇帝让你参加，那是你的荣幸；皇帝不让你参加，是因为按照《皇明祖训》，藩王就应该恪尽职守地在属地就藩，没有发生外敌入侵或者皇帝允准进京，不能过问朝廷内政。

简而言之，朱允炆要用这件事情来给自己立威。但这次不了了之的奔丧事件，则让朱棣心生愤恨，叔侄二人从此结下了解不开的梁子。

不过我们假设，这件事情换成朱元璋甚至是朱棣来处理，恐怕会完全是另外一套方案：要么索性，效法当年的隋文帝杨坚，搞一出翻版的“五王进京”，让所有的叔叔都来吊唁，并趁机一网打尽，一了百了；要么索性，效法当年的唐太宗李世民，采取缓兵之计，暂时麻痹自己的四叔，等朱棣完全丧失警惕的时候，再突然摊牌杀他个片甲不留。不得不说，这件事情上，朱允炆书呆子式的理想主义者价值观，体现得淋漓尽致，而可怕的是，这种理想主义者气质，在接下来的一系列叔侄交锋中，又不止一次地出现。

叔侄斗法

奔丧事件，让吃了闭门羹的朱棣从此长了个心眼。

所以到了第二年建文元年四月，临近朱元璋的周年祭，朱棣索性就不去参加了，而是派了自己的三个儿子朱高炽、朱高煦、朱高燧，代表自己去吊唁。

然而，这事办得并不高明。

因为越来越多的迹象，以及大侄子朱允炆的态度都在表明，距离朱允炆他们对朱棣下手的时间越来越近了。在可能摊牌的那个时刻到来之前，朱棣必须要做好各种预案以备不测。这一次儿子们进京，等于是羊入虎口，能不能活着回来根本就不敢想。而且，建文帝也确实有这样的想法，当时的齐泰就建议，索性把这三个儿子全部当成人质，不愁燕王朱棣不就范。

不过，北平、南京距离太远，即便是后悔，也来不及了。

有事说事，只能面对。

无法亲自进京的朱棣，只能在朝廷内利用自己的眼线和亲信传递消息，无论发生啥，他都要提前知道，以做好破釜沉舟、图穷匕见的摊牌准备。

事实上，建文帝花掉长达九个月时间废掉五个藩王的过程，已经给了朱棣以充分的时间来锻造兵器、招兵买马。现实主义者的直觉告诉朱棣：唇亡齿寒。虽然不知道下一步具体应该是什么，但这一步，他一定不能像其他诸王一样引颈就戮。

这一阶段，建文帝也没闲着，他也在刺探燕王府的动向。这毕竟不是中原王朝对游牧民族之战，甚至谈不上中原王朝内部火拼，这是亲到不能再亲的叔侄之间的事，互相之间都清楚底细。

因此，建文帝和燕王之间的情报战开始了。

第一回合，朝廷的卧底被派到燕王府，用来监视燕王。然而，这个卧底很快就暴露了。朝廷所安插内鬼的暴露，让燕王知道建文帝下一步一定还会有更大的动作。既然摊牌是迟早的事情，那么弱势的一方，就一定要让这个摊牌的时间尽量往后推迟。所以燕王决定，装疯卖傻，以拖待变。

第二回合，燕王装疯卖傻。全北平的人都知道燕王朱棣精神失常了。这个时候，理想主义者建文帝居然真动了恻隐之心。黄子澄趁机进言，这个时候放朱棣的三个儿子回去，必将麻痹朱棣的斗志。于是，建文帝将在南京的朱棣的三个儿子，统统放回北平，看望他们已经“疯了”的父亲。

不过没过多久，燕王府的另外一个朝廷卧底，将燕王装疯的真相告诉皇帝。建文帝感觉到自己的智商与同情心，双双被人深深地伤害。盛怒之下，他决定采取先发制人的手段，杀燕王朱棣一个立足未稳。

第三回合，建文帝秘密联络北平布政使张昺（bǐng），都指挥使张信、谢贵，要求他们三人谋划逮捕燕王朱棣。

这件事情初听起来没有问题，但是仔细推敲起来，逻辑上破绽就大了。首先，这三个人都属于前面讲过的所谓“三司”首脑。虽然三权分立，但是实际上这三个人都是在北平布政使司办公的。工作单位在一起，三个人也就是不折不扣的同事关系。不仅如此，同为外地人，他们的孩子很可能是同一家私塾的同学。他们的家属，很可能是晚上打牌的牌搭子。

所以，三司的三个人其实算是一个团队。

但是，一个团队并不意味着就是铁板一块，团队成员之间可能存在的鄙视和倾轧，很多时候被其乐融融的团队气氛所掩盖。矛盾，往往深藏在水面以下。

建文帝把“燕王逮捕令”这个最高机密，咣当一下同时丢给了三个人，那么他们三个又会如何看待这件事情呢？

毫无疑问，张昺是这个团队名义上负责全局的领导。另一方面，都指挥使这个职务的常规配备是一个人，不过笔者查阅了各种正史记载，却发现张信和谢贵此时同时担任北平都指挥使一职。考虑史书可能省略字数的情况，这两个人至少也是一正一副两个都指挥使。也就是说，建文帝对燕王的秘密逮捕令，是同时下发给了一个北平布政使，两个北平都指挥使。

那么问题来了：建文帝如何能够保证张信和谢贵就一定会是张昺的亲信呢？建文帝又如何能够保证，同为都指挥使的张信和谢贵之间就一定没有矛盾呢？

秘密通缉令这样的事情，知道的人越少越好，越是让一线指挥做主越好。退一步讲，如果建文帝只是将秘密通缉令告诉名义上的一把手——布政使张昺，给张昺以充分的授权，让他在一线组织自己最可靠的亲信，布置最可靠的方案，来诛杀燕王朱棣，那么局面也会比现在要简单得多。

建文帝以为，北平的这几位都是朝廷的地方官，也就顺理成章地为自己效力。不花时间研究人与人之间微妙关系的理想主义者建文帝，必将在这个问题上栽跟头。

接到密令的都指挥使张信，感到了空前的煎熬。作为大明官场的资深官员，来自安徽的张信并不知道该如何应对接下来的一切。此时此刻的他，必须要选择站队。就算是乱站队，也不能不站队。然而，作为同年刚刚空降到北平上任的一名都指挥使，他和山西人张昺、浙江人谢贵并不是同乡故旧，更不是掏心掏肺的朋友。所以，虽然同为北平地方政府的幕僚，张信并不清楚张昺和谢贵的真实态度。他当然也不敢贸然表达自己的真实态度。面临生死抉择的时刻，张信最终选择了相信家人，而不是两个素昧平生且看起来市侩无比的大明官场政客。

张信将自己的困惑告诉了自己的母亲。母亲要求张信坚定地和燕王朱棣站在同一立场上，不要有任何犹豫。因为她觉得，“王气在燕王朱棣一侧”（“王气在燕”《明史·卷一百四十六·列传第三十四》）。

最终，张信向朱棣和盘托出了建文帝对燕王的秘密逮捕令。

起兵靖难

北平地方和军方两个部门的联合执法，结局极其失败。早有准备的朱棣在抓捕行动当天，将张昺和谢贵抓住杀掉了。之后，朱棣迅速派人占领了北平九门，进而控制了整个北平的局势。

这个时候的朱棣，已经再也没有什么顾忌了，中国人做事讲究脸面，所以无论何种烈度的争执，就怕撕破脸，因为撕破脸就意味着可以不要脸。不要脸就意味着可以无所顾忌，双方的角力，也就可以由暗战转为明战。建文元年（1399年）七月，朱棣在北平起兵，并且打出了“清君侧”（意思是铲除皇帝身边的奸贼）的旗号。不过，具有讽刺意味的是，朱棣的这个“清君侧”的概念，固然是受到了当年西汉七国之乱的启发，但理论基础却也是父亲朱元璋的《皇明祖训》。

搬出《皇明祖训》，最重要的目的还是要证明自己出兵的合法性。既然是按照祖训，要替建文帝铲除周围的奸佞，那么这次军事行动就要有个好听的名字，而不能随随便便地喊一个“南讨”“北伐”之类的烂口号。朱棣的智囊团们搜肠刮肚，想出了“靖难”这个词，意思是平定叛乱。而这场战争，也被后世称为“靖难之役”。

所以说，就怕流氓有文化。明明自己出兵的性质就是以下犯上，是以地方犯中央的叛乱，却要从理论上拔高，说成是自己去帮皇帝平定叛乱。这种杀人又诛心的战术，是中国古代战争中极其重要的环节。战争的合法性问题，意味着古代儒家道德的制高点，提前掌握天下苍生的人心向背。或者至少把水搅浑，让天下苍生感到莫衷一是，感到无论帮谁都是错，不如安静地做一个吃瓜群众，是很必要的。

靖难的战斗檄文一经发出，就意味着南北双方的正式宣战。

这个时候的建文帝朱允炆，还没有完全意识到事态的严重性。他本以为仅靠北平的地方部队，就可以解除掉朱棣的常备武装。即便是偷袭不成，两方开战，区区的北平一城（见图4-2），也会马上陷入四面受敌的窘境。北面是北元的蒙古势力，蒙古人这些年因为零星战斗，跟朱棣结下了不少梁子；西边出居庸关不远，是朝廷的大同驻军；东边走滨海大路，就是朝廷的山海关驻军；北平南面，则是朝廷军队的两个驻军要塞——河间、真定（河北正定）。东、西、南三个方向上，朱棣都面临极大的军事压力，如果朝廷安排三个方向夹攻的话，朱棣也只能窝在北平。然而吊诡的是，从结果来看，自始至终，在三个方向上的朝廷军队，都没有形成真正的合力。

从靖难之役开始的整整一个月内，朝廷居然放任朱棣将周边朝廷据点各个击破，荡平了北平四周的通州、怀来、永平、居庸关等军事价值极高的要塞。短短一个月内，随着不断招募和朝廷势力的不断投降，朱棣的军队也从最开始的不到几万，增加到接近十万。谈笑间，燕王朱棣自燕王府始，先控制北平全城，进而控制西起居庸关、东到永平的大片区域，完成了整个燕山南麓的战略布局。

到建文元年（1399年）八月为止，朱棣在北平四围的军事部署基本全部完成，兵马总数同朝廷也没有相差过大。然而即便如此，这个时候，无论天时、地利、人和，还都在建文帝手上。朱棣能做的，仅仅是战斗的第一阶段：据守而自保而已。

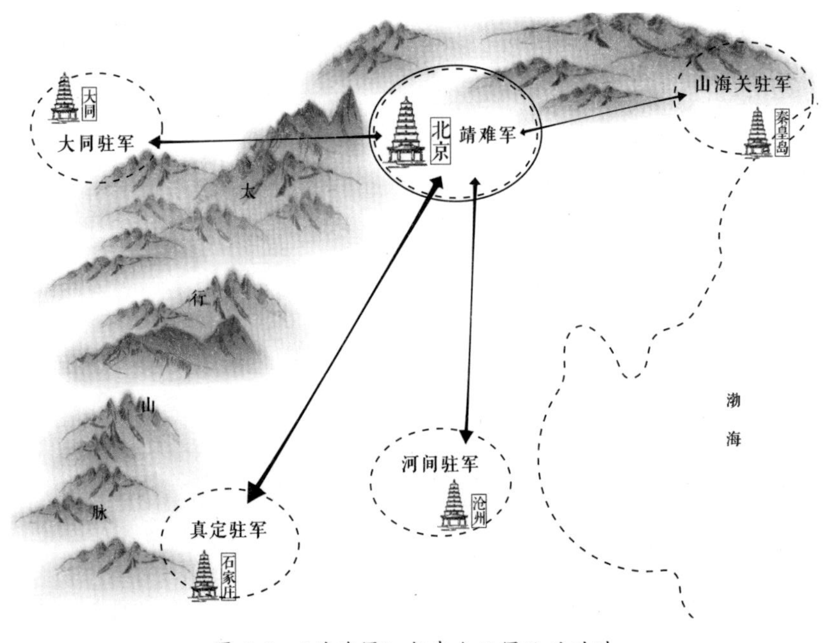

图 4-2 “靖难军”与朱允炆军队的对峙

此时，建文帝准备从中央派兵，一举荡平朱棣。但放眼望去，整个朝堂之上，居然再没有几个能够带兵的将才。几乎所有的军事人才，都在洪武一朝被诛杀殆尽。建文帝身边的人，几乎全都是纸上谈兵的大儒。无奈之下，建文帝启用了年过 65 岁的老将——耿炳文。

耿炳文，大明开国元勋之一，曾经随同大明开国部队南征北战，立下汗马功劳，官至长兴侯。建文帝显然认为这样的老将可以“即插即用”——召之即来，来之能战。耿炳文没有任何先兆地被委任为北伐统帅，另外，装备给耿炳文的大军号称三十万，实际上只有十三万。结果，仓促成军的老将耿炳文，率先头部队刚刚到达河北雄县，就被恭候多时的朱棣包了饺子。惊慌失措的南方军队，逃进真定城中，再不敢出来。

虽然首战失败，但此时耿炳文至少还有十万兵马，真定城尚在南军控制中，整个山东、山西和河北大部也牢牢地控制在朝廷手中。后续战争需要的兵马钱粮，也都可以在本地筹集。况且，年轻时候的耿炳文，就从南方一路打到过北方，对华北一带的作战地形和作战规律都了解得非常深刻。然而，建文帝在黄子澄的强烈建议之下，居然免掉了耿炳文的职务。不得不说，这个决定是整个靖难之役中，建文帝在用人上所犯的第一个错误。当然，暂时看来，这个错误还不是最致命的。

接替耿炳文的人，叫李景隆。

李景隆，字九江，大明开国元勋李文忠的嫡子，世袭曹国公。可谓将门之后，但却不是将门虎子，更谈不上有多优秀。他能登上南军二路统帅的宝座，只因为他有个叫作李文忠的爹。

与李景隆相呼应，建文帝又命令山海关驻军，从北平东侧翼进攻永平，以配合主力部队的进攻。两个月战事过去了，建文帝总算想起来，自己在山海关还有军队驻守，而且居然还驻守在北平的背后，能够用来抄自己四叔朱棣的后路。

得到消息的朱棣，并没有被五十万大军的名头吓倒。像朱棣这种极端现实的人，只认实际，不认理论。如果对方势大，那自然是好汉不吃眼前亏；但如果经过军事分析和情报判断，跟对手能够一战，那朱棣也断不会放过歼灭对手的机会。这一次，朱棣告诉自己的部众们，李景隆不过是一个纨绔少年，很容易就可以拿下（“李九江，纨绮少年耳，易与也。”《明史·列传十四》）。还给李景隆的军事行动加了一个预言式和总结式的描述——“景隆色厉而中馁，闻我在必不敢遽（jù）来，不若往援永平以致其师。吴高怯不任战，我至必走，然后还击景隆。坚城在前，大军在后，必成擒矣。”（《明史·本纪第五》）也就是说，李景隆不是来打北平府吗？打就打吧，反正他一个色厉内荏的黄口小儿也打不下来。等老子先去北平府背后的唐山、秦皇岛一带，解除朝廷山海关军队对永平府的围困。然后，等回师的时候，前有北平府的坚城，后有老子的几万靖难大军，李景隆插翅难飞。

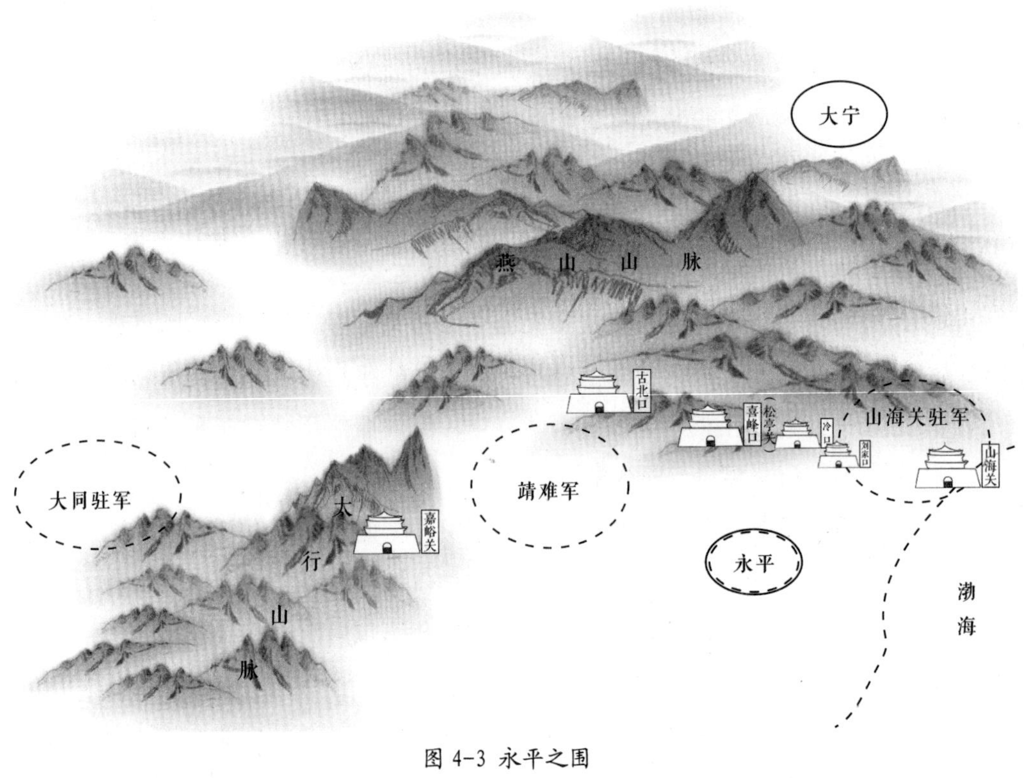

图 4-3 永平之围

这个对手必败的结论，也许有为鼓舞士气而虚张声势的成分，但面对看起来不可一世的敌人，朱棣居然真的按照自己的预言，留下

儿子朱高炽守北平，诱使李景隆大举进攻，自己则绕到北平背后，去解永平之围了。（见图 4-3）

事实上，朱棣的信心来源于一个和尚。

和尚的名字叫作道衍，俗家名字叫姚广孝。

姚广孝是一个传奇人物，一个真正的古代复合型人才。

姚广孝的家族世代行医，但他从小熟读儒家经典，却又在 14 岁出家为僧。僧人道衍，后来又拜当时著名的道士席应真为师，系统学习道家的阴阳术数。用今天的眼光来看，姚广孝绝对是学贯中西的人物。

当年姚广孝作为高僧的名声在外，因此被先帝朱元璋选拔，随侍燕王朱棣。不仅仅是姚广孝，其实朱元璋挑选了很多僧人陪同各路藩王一起就藩。朱元璋的本意，是要这些出家人度化实力雄厚、手握兵符的藩王们，劝藩王们向善。然而，到北平之后，姚广孝却因为自己的多谋善断，而成为朱棣最得力的谋士。

削藩开始，在准备起兵但又心有犹豫的关键时刻，朱棣曾经征求姚广孝的意见：老百姓的心，其实是站在建文帝一侧的，怎么办？姚广孝回了非常惊心动魄的一句："臣只知天道，为什么要看民心？"（成祖曰："民心向彼，奈何？"道衍曰："臣知天道，何论民心。"《明史·卷一百四十五·列传三十三》）很显然，在燕王起兵靖难这件事情上，姚广孝的话给朱棣吃了一颗定心丸。

此次朱棣东去，解永平之围，将守卫北平城的重担，交给道衍和尚。俗话讲，"僧道妇女，不可临敌。"也就是说，出家人或者女人，不到万不得已，一般不会轻易上阵杀敌，而一旦出手，那就一定是非同小可。姚广孝辅佐朱高炽，留守北平，将是对他个人价值的第一次真正考验。

此时此刻的李景隆，正在梦想着像自己的父亲那样，建功立业，列土封侯。而机会就在眼前，他太清楚这次战役的意义了。李景隆手下的五十万朝廷正规军，动用了所有的手段对北平的坚城实施攻击。在最接近胜利的时候，李景隆的手下大将瞿能，乘北军防线不备，已经冲进了北平城张掖门的城门洞，距离北平城破只有一步之遥。然而，大将瞿能的战术是“攻其不备”，而统帅李景隆的战术却是“出其不意”。李景隆在这个电光石火的一瞬间，想到了幼时的梦想，帝王的赏识，父辈的荣耀……还有破城之后如何处置朱高炽、姚广孝等北军的这帮手下败将。

最终李景隆做了一个决定，命令瞿能撤回南军大营，停止进攻。

李景隆不想白白把这个北平城破的历史时刻，拱手让给瞿能这个无名鼠辈。血气方刚的他，希望第一个率部杀入北平——面前是敌人的嚎哭，背后是南军的大旗。李景隆希望享受这具有仪式感的一刻，这一刻将让他名扬天下。

此时城内的姚广孝和朱高炽，其实也是困兽犹斗，挣扎在山穷水尽的边缘。

有时候战争拼到最后，决定战场胜负的往往就是一念之差。所以，只有一个意志力强大并且信仰坚定的人，才能成为一个好的统帅。姚广孝就是这样一个人，他性格坚毅，立场果决。今天作为谋士，运筹帷幄的他是如此；一直到多年之后，成为永乐一朝权倾一时的“黑衣宰相”时，拒绝还俗也拒绝金钱美女诱惑的他，依然是如此。这一年的姚广孝，只比 65 岁的耿炳文小一岁，但他依然精神矍铄，战天斗地。

所以，年龄和体力不是问题，信念和坚持才是问题。

围攻北平城长达两个月之后，李景隆等到的不是城破的消息，他绝望地看到了朱棣回师解围的强大部队。

这支部队，盔明甲亮，旌旗猎猎。

毫无疑问，李景隆这一次的脑洞，让他功亏一篑。

朵颜三卫

东去的朱棣，先解了永平之围。

之后直奔大宁（内蒙古宁城），挟持并联合了宁王朱权。更加重要的是，朱棣合并了宁王的几万常备军，借到了威震边陲的蒙古骑兵部队——朵颜三卫。（见图 4-4）

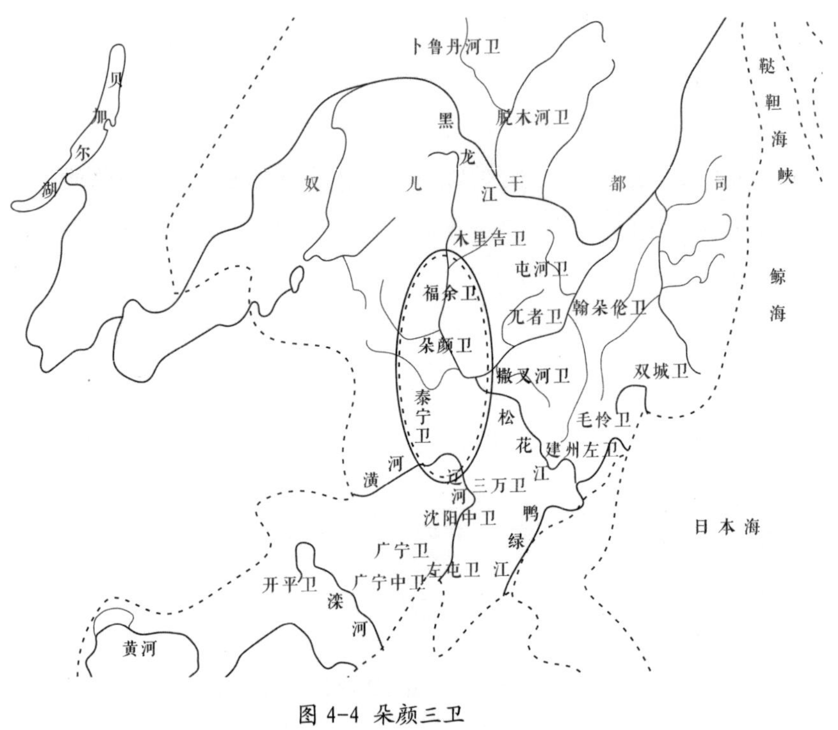

图 4-4 朵颜三卫

朵颜三卫是大明帝国一支有着优良传统的英模部队，它赖以成名的法宝是来去如风的骑兵。在明代初年，这支铁骑劲旅威震辽东。朵颜三卫这个名字名扬天下固然是因为骑兵，但朵颜三卫最早的含义其实只是地方区划。大明开国，朱元璋一统华夏，当年蒙古草原上不可一世的成吉思汗后人们，在大明强大的政治军事双重打击之下，分裂成了互不隶属甚至互有攻伐的三个部分——鞑靼、瓦剌、朵颜三卫。居中的鞑靼自称黄金家族正宗传人，却苦于实力有限；偏西的瓦剌拥有全蒙古最强大的军队，却苦于没有名分；据守大兴安岭以东、燕山以北广大区域的朵颜三卫，则投降明帝国，接受羁縻成为大明帝国的边防卫所。

这里简单谈谈明代的卫所制度。

前文曾经讲过，明代的地方行政设置有“三司”。这样一个地方分权的特殊行政方式，其中的都指挥使司，主要掌管军事，简称“都司”。当年的大明直接控制的汉人农耕区，被分为十三个布政使司，相当于今天的十三个省，所以相对应的也有十三个都指挥使司。其中，在边境战事激烈的地区，设置有单独的都司。比如辽东都司（大概相当于今天的辽宁）、万全都司（治所在今天的河北宣化）、大宁都司（治所在今天的内蒙古宁城）。此外，朱元璋在一些重要的边疆和海疆，还加强管理，特意设置了五个行都司，比如福建这个地方，既有福建都司，也有福建行都司，实际是平级单位。所有的“都司”，在地方上名义的上级，就是前面说的各省的“布政使”；实际上，都司直接向朝廷汇报，确切地说，是向朝廷的军事管理机构“五军都督府”汇报。

都司以下，设置卫所，“一郡者设所，连郡者设卫”（《明史·卷九十·志第六十六》）。一个卫的标准配置是5600人；卫以下设“所”，“千户所”标准配置1120人，“百户所”112人。特别值得一提的是守边王爷们的“三护卫”，护卫这个级别，跟地方卫所的“千户所”，是平级单位；百户所以下，设“总旗”和“小旗”，总旗五十人，小旗十人。所以我们认为，满族的“八旗制度”，实际上受到了明代兵制的影响，后来更是引申到了“旗人”的说法。

在当时大明全国的汉人传统行政区划内，共有四百多个卫所。绝大部分的卫所，实际上只是一个军事机构，不具备行政职能，所以只能称为“非实土卫所”，比如天津卫、威海卫这么牛气的名字，实际上并没有行政权力，只是个军事堡垒；而有一些卫所，则同时具备守土和行政两个重要职能，则被称为“实土卫所”。正因为如此，都司也分成了“实土都司”和“非实土都司”，比如各省的都司，基本都是非实土都司，而边疆地区，比如辽东都司就是实土都司。

卫所，根据汇报对象的差异，又分成了“京卫”和“外卫”。

京卫就是京畿附近的卫所，这些卫所向中央“五军都督府”（帝国最高军事管理机构，分为中军都督府、左军都督府、右军都督府、前军都督府、后军都督府）直接汇报；而“外卫”则直接向地方上的都司领导，也就是都指挥使汇报。然后，都司再向五军都督府汇报。这样的话，不管京卫还是外卫，直接或者间接地都归了“五军都督府”节制，看起来这个部门权力极大。但是不用担心，因为你所担心的问题，朱元璋早就解决了。五军都督府只负责兵籍和军政，而所有卫所的调兵权，则归兵部。

卫所实际上相当于军事屯田性质的“军屯”，也就是我们提到的北魏时期府兵制的一个变种。明代的府兵制，利用明初战争中的老兵，对前朝元军的招降纳叛，以及后来的地方羁縻、充军发配等，完全取代了宋代战斗力较弱的“募兵制”的禁军。在府兵制的基础上，朱元璋又吸收了两汉屯田戍边中的一些好的经验，形成了有明代特色的军屯制度。军屯中的军人们世代从军，长期备战，父死子继。所以，两汉屯田戍边的经验，被复制到了全国包括内地省份在内的各个省，而不仅仅是当年戍边的功能。而北魏府兵制中比较常见的“东市买骏马，西市买鞍鞯，南市买辔头，北市买长鞭”，这种府兵制中常见战争组织中的临时性和仓促性也不存在了。代之以成建制的卫所预备役士兵，随时准备出击。

所以，跟前面的汉人王朝——大宋完全不同，明初汉人尚武，不管是中央正规军还是地方武装，都特别能打。一群老光棍和小光棍们聚集的卫所，雄性荷尔蒙爆棚。不打仗就觉得手痒，不打仗就没法升迁，也不能够改变自己的现实地位。所以中央军队动不动就远征漠北，追着北元屁股满世界穷追猛打，要求人家交出玉玺，取消帝号；地方上的都司卫所和王府护卫，也是有事没事就要拉出去遛遛，打打秋风砍砍人，免得一群雄性动物老是长时间憋在一起，搞窝里反。

为什么如此详细地讲明代的卫所？是因为明代的卫所制度对现代中国影响极深。

卫所的军人们，平时务农，战时为兵，遍布全国，在明朝初年帮助明太祖朱元璋有效控制了全国战乱频仍的局面。同时，由于大量军屯的出现，战乱中人口急剧减少导致的废弃和荒芜的土地得到有效开发。今天中国有很多叫作“屯”“卫”“所”的地名，实际上都和当年明代的卫所制度有所关联。更为重要的是，军人们长期背井离乡，到了一定年龄只能找本地女人进行婚配，娶妻生子。最终的结果就是，大量的非汉人传统区域被有效开发，比如南方的很多山区，很多地方都有“夷娘汉老子”的说法，也就是父亲是汉族士兵，而母亲则是本地原住民族，这是一种普遍的现象。实际上等于这些戍边的士兵们，用自己的基因，对全国所有农耕区域进行了血缘基因上的汉化。

如上所述，是汉人传统区域的都司和卫所制度。除此之外，还有羁縻都司。

大明开国虽然打下了偌大的国土，但是在农耕区之外，还有广大的游牧和渔猎文明区，无法通过汉人士兵移民屯垦，无法有效强制开发，只能依靠当地少数民族对国土进行控制和管理。于是就形成了羁縻都司，比如东北的奴儿干都司（今天的东北和外东北），西南的乌斯藏都司（今天除昌都之外的西藏地区），朵甘都司（今天的川西、滇北、甘南、青海、西藏昌都地区）等。这些地方，往往由少数民族的部落首领接受大明皇帝册封的都司职务，但和内地都司不同的是，羁縻都司的职务往往可以世袭。没有重大变故，大明皇帝基本上不会过问羁縻都司的内部事务，但是羁縻都司要对大明帝国有名义上的臣属关系，必要时需要尽臣属义务。

羁縻都司以下，设置了羁縻卫所。

不管羁縻都司还是羁縻卫所，都是实打实的实土。

我们本节提到的朵颜三卫，就是典型的羁縻卫所。

所谓“三卫”，是指当年被分封在冀北、辽西和大兴安岭以东的三个蒙古部落，每个部落相当于一个卫所；所谓“朵颜”，是因为这三个蒙古卫所——朵颜卫、泰宁卫、福余卫，其中势力最大的就是朵颜卫。朵颜是因当地的朵颜山而得名，朵颜卫又被蒙古人称为“兀良哈部落”，所以“朵颜三卫”也被称为“兀良哈三卫”。像其他羁縻卫所一样，朵颜三卫早期被大明军事征服，但因为地处边远，又是传统的游牧文明区，明政府并没有有效控制。因此，朵颜三卫名义上对大明王朝宣誓效忠，实际上具备很大的自由度。元朝至明初以来，朵颜三卫的广大土地上，盛产蒙古骑兵；活跃在这片土地上的骑兵部队，因卫所名字而被称为“朵颜三卫”。

简单来讲，朵颜三卫是一支骑兵特种部队。这支部队，是一支雇佣军，燕王朱棣造反之前，这支雇佣军因为地缘关系，而受雇于宁王朱权。

同其他雇佣军略有不同的是，朵颜三卫是一支有节操的雇佣军。普通雇佣军只对金钱感兴趣，只要价码合适就挥舞马刀，东家让砍谁就砍谁；有节操的雇佣军认为钱虽然是个好东西，但鸡鸣狗盗的事坚决不干。所以，面对这样一支雇佣军，除了金钱收买之外，还要能够用道义来忽悠。只要忽悠得力，动之以情，晓之以理，当年的朵颜三卫甚至接受了大明的天下正统，帮助明太祖朱元璋，对抗过同文同种的北元皇帝。

所以，当时的朱棣奔往大宁，目的之一就是收朵颜三卫。

除了收人，还要占地。

因为宁王朱权手中的大宁，本身也不寻常。

大宁卫

当年朱元璋派九王守边，其实只是事实真相的一部分。因为长城既然已经修好，就必然是北部边防的重要屏障。所以，把九个成年的藩王派过去固边，本来也是顺理成章的事情。请注意，这里我们提到长城，并没有用到边境线的概念。充其量，长城只是屏障，而不能当成边境线。如果中央帝国的边境线已经被人平推到了长城一线，那只能说明这个帝国的负责人短视，或者说当时的外敌太过凶悍。

因为守中原就要守长城，守长城就必须在长城外围安插钉子，守长城的外围。也就是说，长城以外必须要有军事缓冲区。

本着这个逻辑，我们把之前的“九王守边”的老图再用一遍，并且再细化一下（见图 4-5）。

在长城的外围，有三个卫所，遥相呼应、互为犄角，共同防御着长城的外围。这三个卫所的名字分别是东胜卫、开平卫、大宁卫。其中的东胜卫，在今天的内蒙古呼和浩特市托克托县；开平卫，在今天的内蒙古锡林郭勒；而大宁卫在今天的内蒙古宁城。明太祖朱元璋建长城，并且派九王守边，这是明面上的套路。其实暗地里鸭子划水，这三个卫所组成的“塞外三卫”才是防卫长城一线的战略精髓。

东胜卫，是为了警戒当时还在蒙古人手中的后套平原、前套平原可能的军事入侵；开平卫，是为了守卫大同一线，防止敌人从“山西糖葫芦”的大同、宣府一线切入，构成对北京和山西的直接威胁；而大宁卫则更加重要，同时监视了来自蒙古方向以及辽东方向的军事动向。

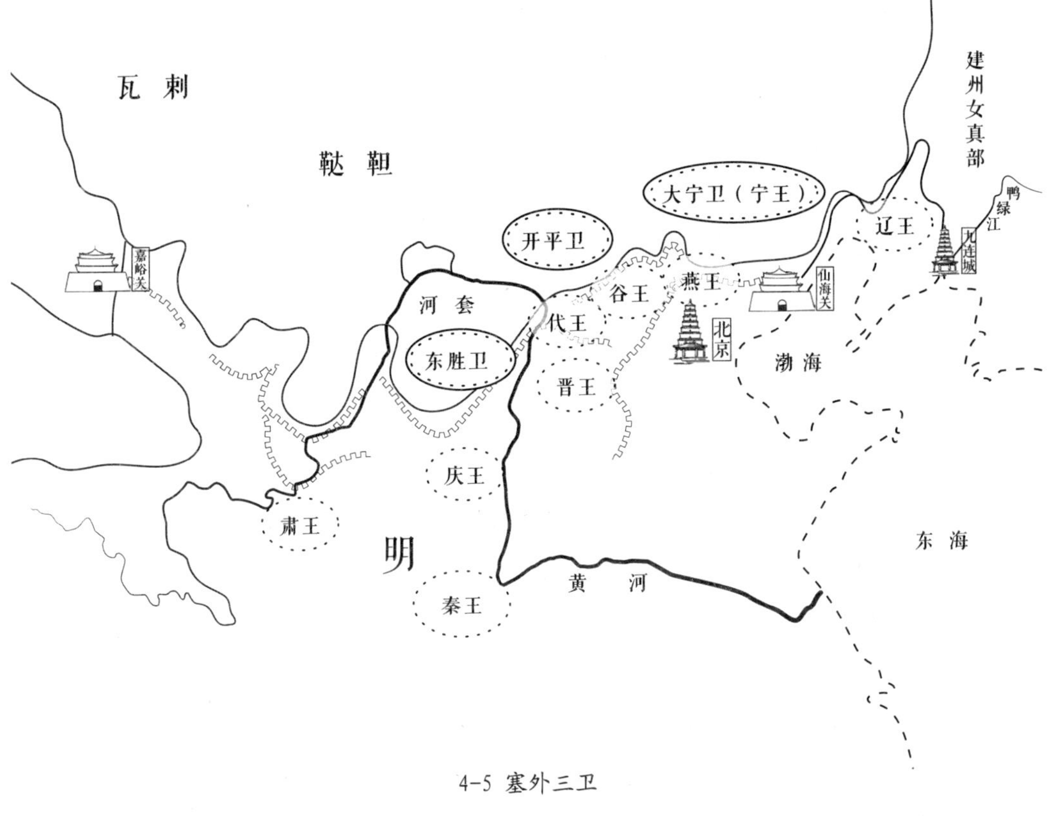

4-5 塞外三卫

有塞外三卫的存在，一旦边境有变，消息就会第一时间传回帝国的中央机构。而塞外三卫，进可以同敌人小试牛刀，退则可以撤至长城防线，重新布防。有了塞外三卫，也就等于是为帝国争取到了更大的战略纵深。

多年以后，塞外三卫被废弃，明帝国的防线完全收缩到了长城一线。这件事情的影响非常深远，明朝的两次“己巳之变”——公元 1449 年明英宗时代的瓦剌首领也先入侵，以及 1629 年崇祯皇帝时代皇太极入寇，都是因为失去了塞外三卫的警戒，游牧民族骑兵们的一个冲锋，就已经来到了北京城下。两次北京保卫战虽然勉强取胜，但是都打得艰苦卓绝。其中第一次己巳之变中皇帝被俘，第二次则直接导致了袁崇焕被凌迟处死。

正因为塞外三卫的重要作用，所以在明代早期，这三个卫所的兵力配置非常高，也正是这个原因，才造成了当时宁王朱权的所谓“带甲八万，革车六千”。因此，这个时候的朱棣虽然拿下了永平，但他并没有绝对的把握拿下大宁。

而且，从永平到大宁的路怎么走，这里面也有大学问。

因为中间隔着长城，还有燕山。

燕山比起前面提到的秦岭与太行，确实在海拔上矮了一些。同时，它更无法比拟蜀道之难、太行八陉之险。千百年来，燕山一线能够进出的隘口太多，也特别繁杂。所以，防卫燕山一线比较麻烦。到了明代建国，朱元璋干脆沿着燕山南麓，来了个全线布防。一共一百二十九个关口，个个加派兵马看护。（“永平、蓟州、密云迤西二千余里，关隘百二十有九，皆置戍守。”《明史·志·卷六十七》）到后来沿长城燕山南麓的防线上，重中之重的关口有居庸关、古北口、喜峰口、冷口、刘家口等。其中的古北口、喜峰口、冷口，是 1933 年西北军的“长城抗战”打得最激烈的地方。

朱棣解完永平府之围，准备北出燕山奔大宁。从永平到大宁，最近的道路应该选择出喜峰口，不过在喜峰口有朝廷重兵把守的情况下，朱棣果断地选择了刘家口小路出长城，直奔大宁。而大宁，宁王朱权还有朵颜三卫，早有准备。

宁王朱权可以给朵颜三卫足够的金钱，但他只是个 20 岁的年轻人，论忽悠能力他和 40 岁的燕王朱棣之间相差太远。燕王朱棣给朵颜三卫带来的除了金钱，还有承诺——事成之后，朵颜三卫的部落首长们，可以和新的大明皇帝一起做“一字并肩王”，并且可以得到宁王朱权的大宁卫，从而在整个大兴安岭以东的广大区域自由活动。这样的许诺，让朵颜三卫的雇佣兵们，觉得热血沸腾，觉得自己从事的行动是在为游牧部落的后人们开疆拓土。当然，除此之外，燕王朱棣给出的金钱价码的确让人无法拒绝。

大宁卫，被慷慨许诺，赠与外人。

因为这个时候的朱棣只要皇位，他并没有真正读懂朱元璋设置大宁卫的良苦用心。若干年后，大宁卫这片地区，将会成为后金皇太极入寇燕山的便利通道，也将成为朱棣的后人崇祯皇帝以及整个明帝国走上灭亡之路的导火索。

燕王朱棣和宁王朱权的演技差距，就是老戏骨和小鲜肉的专业差距。

燕王朱棣只身一人进入大宁，哭天抹泪、悲痛欲绝，成功博取了朱权的同情。又在朱权只身欢送自己的时候，让埋伏在城外的伏兵一拥而上，绑架了朱权，占领了大宁，借此兼并了朱权的“带甲八万，兵车六千”。

得到了朱权的几万塞北边防军，加上三千剽悍的朵颜铁骑，燕王朱棣满载而归。

这样的兵力配置，之前十里秦淮、锦衣玉食的李景隆，想都不敢想。

南北僵持

猝不及防的李景隆，全线溃退，一路狂奔回山东的北大门——德州。

远在南京的建文帝，以及他身边的秀才朝廷，此时此刻对于战局的发展判断是令人遗憾的。集体讨论过后，建文帝认为李景隆这次失败的原因，不是在于李景隆本人用兵不当，而是因为朝廷对李景隆在一线的授权不够。对此，我们只能佩服建文帝出人意料的“机智”。用人不疑、疑人不用，这本身没有错，但关键是建文帝看人不准。

在用人上的第二次错误，将是致命的，建文帝也必将因此付出惨痛的代价。

公元1400年，加大了授权的李景隆，起兵六十万，再伐朱棣。然而这一次，李景隆输得更加彻底，从河北雄县一路狂奔，弃守了山东的门户德州，败逃到了山东腹地的济南。

李景隆的此次失败，也标志着靖难之役进入第二阶段，两军战略胶着。

当时的济南防务主要由两个人负责，一个是山东布政使铁铉，另一个是山东都指挥使盛庸。在这两位的指挥之下，济南这座城市抵抗了朱棣整整三个月未被攻克。在远在北平的姚广孝建议之下，朱棣无奈撤军。

面对叔侄之间的大打出手，大明官场中的很多官僚选择了两方押宝。而铁铉和盛庸这样的人，和身为文人的齐泰、黄子澄、方孝孺他们一样，堪称当时武将之中立场坚定的硬骨头。铁铉和盛庸，在靖难之役中，自始至终都体现出了遵循祖宗成法、只认正统法理的二杆子精神。这样的精神，虽然今天看来有些迂腐，但只有这样的人，往往才能在民族危亡时刻，挺起整个中华的脊梁。

我们需要尊敬这样的人。

在接下来长达大半年的时间中，盛庸被任命为平燕将军，负责调动和组织整个华北地区的南军，同朱棣进行周旋。很多时候，战争呈现出拉锯的态势，山东、河北一带的很多城市和要塞，被南军、北军反复争夺。而在长期的战斗中，无论双方的士兵还是将领，都在战争中学习战争。当初的青瓜蛋子，到最后也被锻炼成了老兵油子。而当地的百姓和官员，也呈现出战争带来的狡猾，很多时候，朱棣大军一来，军民望风而逃，而朱棣一走，军民则重新上位。两年过去了，朱棣真正占领并实施统治的地区，无非还是北平、永平、真定三个城市。

而南军虽然势大，但军心还是不稳，上阵杀敌时很多士兵心里也带着三分犹豫。毕竟，这是人家的叔侄之争，无论谁胜谁负都还是朱家的天下，自己一不小心就成了白白送死的炮灰。更何况，儒家的理想主义践行者建文帝还说过很经典的那句：不要让我背负杀叔的恶名。（“勿使朕有杀叔之名。”《太宗实录》）

这样的僵局，似乎看不到尽头。

最终破局的，是一位没有留下姓名的宦官，他在南京的宫中，给朱棣送来了价值连城的军事情报——朝廷虽然在华北一线布置重兵，但整个南京的防务是空虚的。在姚广孝的强烈建议之下，朱棣决定赌一把运气——绕开山东、河北的南军重镇，千里跃进，直逼南京。

靖难之役进入第三阶段，北军奔袭南京。

千里奔袭

公元1402年正月，朱棣率大军二十万南下，兵发南京。

朱棣大军神速地绕开山东之后，所遇到的最强劲对手，就是徐辉祖。

徐辉祖，大明开国元勋徐达长子，世袭魏国公，高大英俊又文韬武略的将门之后。徐辉祖的另外一个身份，是朱棣的妻子徐氏的亲哥哥。换句话讲，朱棣与徐辉祖，是妹夫与大舅子的关系。其实这并不奇怪，因为战争开始之前，徐家人作为朱棣在京城的一门亲戚，为了家族站队的永远正确，就开始了投机式的两面下注。明面上，大哥徐辉祖坚定地站在朝廷这一侧；而私底下，弟弟徐增寿，则偷偷地站在朱棣这一侧，为他提供军事情报。

这事的分工始终如一，而且从头至尾看不出演技上的任何破绽，你不得不佩服战神徐达的后人聪明。

比如，早在战争还没有开始之前，朱棣的三个儿子在南京的时候，徐辉祖就曾经秘密地上书，对建文帝评价自己的三个外甥——三个人中，最不老实的就是老二朱高煦。这个朱高煦看上去并不忠于皇帝您，而且我觉得他以后也会背叛他的老爹朱棣，以后一定是心腹大患啊。（“三甥中，独高煦勇悍无赖，非但不忠，且叛父，他日必为大患。”《明史·列传·卷十三》）言外之意，徐辉祖建议这三个外甥要是放也不能全部放回去，要是留一个的话，建议留下老二朱高煦。

徐辉祖暗中上书黑朱棣，弟弟徐增寿在同时则保朱棣。

建文帝听完徐辉祖的汇报，找徐增寿征求意见，徐增寿却表示这事不存在。

于是建文帝该放人还是放人了。

尾声也颇为无厘头。我们并不知道，是否朱高煦也听说了这件事情。朱家三兄弟离开南京的时候，朱高煦特意跑到了他大舅的马圈里，偷了一匹马跑了。徐辉祖派人追，也没有追上。

徐辉祖的军事指挥技能继承了父亲徐达的优良传统，在同北军的缠斗中连战连胜，一时之间北军被困在淮河以北的大片开阔地上，无法动弹。这是一场名副其实的南军和北军谁也输不起的中原大战，成败在此一举。在徐辉祖的指挥之下，朱棣的北军占不到一丁点便宜。

建文四年四月二十三日这一天，朱棣的部队快撑不住了。很多士兵纷纷表示希望杀回北方，不在这荒郊野外受罪了。一场哗变在即，站出来稳定军心的是大将朱能，他一番慷慨陈词，使大军重新振作。

除了朱能，还有朱允炆。

正在朱棣一筹莫展、进退维谷的时候，建文帝出手相助。不知道出于何种心理，年轻的建文帝召回了在一线殚精竭虑的徐辉祖。六百年前发生在大明帝国的这场“南北战争”中，无论怎么看，建文帝才是南军内部最大的卧底。

士气高涨的南军，在徐辉祖走后军心涣散，无法组织起有效进攻。北军定点清除了最大的障碍，长长地缓了一口气，没有再费多大周折就举旗继续南下。

从事前、事中和事后的复盘来看，朱棣的这次长途奔袭，是一次彻彻底底的军事冒险。在没有后方根据地的情况下，朱棣的这种长途奔袭，跟历代的农民军流寇作战，没有实质区别。此外，一旦在南京城下久攻难克，朱棣被勤王的军队四面合围，聚而歼之的可能性也不是没有。

历史有必然，也有偶然。现实主义者朱棣并不是一个喜欢冒险的人，但他最终铤而走险，又兼建文帝招招失策，朱棣总能化险为夷。对这些完全无法解释的现象，我们只能相信早期投靠朱棣的北平都指挥使张信他妈妈所说的——“王气在燕”。

兵临南京城下的时候，建文帝居然天真地提出了“划江而治”的方案，这个方案被没有悬念地拒绝了。万念俱灰之下，朱允炆杀掉了朱棣的小舅子徐增寿，并且是亲手操刀。这样的愤怒其实于事无补，只能是一种进退失据之下的泄愤而已。

公元 1402 年，也就是建文四年的六月十三，完全丧失了斗志的败军之将李景隆，悄悄打开了南京金川门。朱棣大军进入南京，文武百官纷纷跪倒在路旁，高呼万岁。

一场大火之后，建文帝不知所踪。

朱棣称帝后，原来朱允炆身边的那些不肯投降的大臣们，比如齐泰、黄子澄、方孝孺，绝大多数被灭族，甚至灭十族。北方抵抗朱棣最为激烈的山东、河北一代，不管百姓还是官员，都被朱棣残酷对待，尤其是铁铉。

这一年，是朱元璋死后的第五年。作为一个理想的现实主义者，他的《皇明祖训》没有成为子孙和睦的红宝书，反而成为了叔侄相残的参考资料。仅仅二十几年之后，朱棣的二儿子朱高煦，就和朱棣的孙子朱瞻基，上演了另外一个版本的叔侄相残。强势而勤政的朱元璋在地下有知，或许会为自己当年的那些极端措施，留下悔恨的眼泪吧。

之前，我们讲完了四位“高产”帝王的家门不幸，那我们下一章再来看看反例——后周太祖郭威。郭威最后是将皇位传给了自己的内侄，这个内侄来自妻子一方，和自己毫无血缘关系。在几千年的中国皇帝中，郭威也算是凤毛麟角的一个。

周太祖的养子荣光

在乱纷纷的五代时期，郭威这样有节操、有底线、有文化的实力派军人，可遇而不可求。

柴荣像一颗划过天际的流星，把一生之精力，都加以浓缩和萃取，开启了黑暗世界再次跨入黎明的序幕。几年之后的赵匡胤，几乎完全按照柴荣生前的计划和路线实现了神州的基本统一，并且奠基了一个拥有灿烂文化的两宋盛世。

郭威父子，值得尊敬。

郭威其人

郭威这辈子，过得相当不容易。

生于太平盛世的人，往往无法理解经历乱世的痛苦。像郭威的一生，则生动地诠释了“宁为太平犬，不为乱世人”的真谛。郭威出生于唐末，成长于五代十国时期。出生后刚刚 3 岁，当时担任顺州刺史的父亲就死于叛军作乱；年幼的郭威还没有到换牙的年龄，母亲也早早离世。此后的很多年里，是郭威的姨妈韩氏将父母双亡的郭威拉扯成人。少儿时期的成长背景，让郭威知道民间疾苦，知道亲情的可贵。郭威尤其明白，在乱世中过上好日子，是多么简单却又是多么奢侈的一个愿望。

成年后的郭威，威猛勇武又不失谦和，有雄心壮志，却又脚踏实地。在那个战乱频仍，有枪便是草头王的时代，皇亲贵胄尚且担忧个人安危，文人雅士也难免气节不保。少年郭威的理想，仅仅是做一个有用的人、为国为民的人，仅此而已。

郭威在 18 岁的时候，遇到了他生命中的第一个贵人——时任泽潞节度使的李继韬。郭威因为李继韬的赏识而有机会从军打仗，并且成为一名下级将领。要知道，这一点在五代十国这样的乱世非常重要。国泰民安时期，出人头地的门路有很多，靠孝廉的名声，靠门第的高贵，靠科举的成绩。然而在礼崩乐坏的乱世，从军本身就意味着比别人更加有出人头地的机会。那个时候的中国北方，短短五十多年出现的五个王朝，能够上台的个个都是军政府。

即便如此，难能可贵的是，年轻的郭威依然很清醒，他知道在这个乱世只靠好勇斗狠是远远不够的。他之前的很多人，依靠武力固然可以一时风光无限，但到最后也难免身首异处。他不想做这样的军人，甚至于，如果有机会的话，他想结束这种崇尚武力的军政府政治生态。会打仗只是乱世必备的防身之术，但这远远不是他的最终理想。在从军打仗的业余时间，读书已经成了郭威自然而然的一种习惯。并且这个时期他的结拜兄弟李琼，推荐了一本兵书——《阃(kǔn)外春秋》给郭威。这本撰写于盛唐时代的兵书，给青年郭威搭建了系统化的军事理论体系，这样的经历让他受益终生。

在这个时期，郭威还遇到了他人生中的第二位贵人——柴氏。

完美邂逅

在一个狂风骤雨的晚上，落魄的小军头（马步军使）郭威投宿到了一家旅店。一起住进这家旅店的，还有一个叫作柴氏的年轻妇人。柴氏颇有一番姿色，而且曾经贵为当朝皇帝后唐庄宗李存勖的一名嫔妃。但不幸的是，战功在外的后唐庄宗皇帝李存勖，这辈子虎头蛇尾，正值壮年就在一场兵变中死于非命。

皇帝驾崩，老皇帝的嫔妃们如何处理，历来是新皇即位之后需要在后宫动脑筋去料理的一件大事。尤其是对于贪淫好色的老皇帝而言，后宫嫔妃队伍往往非常庞大。对于新皇帝来说，这些老班底的嫔妃们，不管年方几何，名义上都是新皇帝母亲一辈的，碍于天理人伦，碰又不能碰，扔又不能扔，视同鸡肋。像我们前面提到的北周宣帝宇文赟这种，把老爹宇文邕的后宫照单全收的主，其实并不多见。

老班底的嫔妃们在后宫占据了大量的居住资源。皇帝的皇宫不管多大，也就是相当于皇帝的家。寻常人家里有个三室一厅，三个卧室够不够用都不一定，皇帝家里的卧室空间也是有限的。老嫔妃们不走，新皇帝也就没有足够的空间，去精心打造一支新的嫔妃团队。

如何妥善安置老嫔妃，这是一个课题。

面对这个课题，历代皇帝想了很多办法。先秦有殉葬的传统，这是其中最为残忍的一种处理方式。比较温和的方式，是让老嫔妃们集体出家。比如在佛教盛行的北魏，佛教、道教盛行的大唐，老嫔妃们会被安排到皇家寺庙或者道观修行。比如之前讲到的武媚娘就是。

当然，混得比较好的嫔妃们，也有比较完美的归宿。比如儿子当皇帝，自己就升级为皇太后或者皇太妃。又比如，在汉、晋两代，藩王的势力很大，那么老嫔妃们在老皇帝死后，就可以到自己的儿子封国一起就藩，颐养天年。

不过在战乱不断、刀光剑影的五代，皇帝们尚且朝不保夕，更不用说对老嫔妃们有什么特别的安置方案了。因此，把前朝后宫遣散回家，这种简单粗暴的处理方式，在五代时期非常普遍。正因为如此，在当时有很多嫔妃流落民间。

此时此刻的柴氏，就是从后唐皇帝李存勖后宫队伍中被遣散到民间的一位。就在这个小旅店中，年轻的柴氏邂逅了血气方刚的郭威。虽然是初次见面，但柴氏却对衣衫污浊的郭威一见钟情，并且告诉自己的父母，自己就要嫁给郭威这样的男人（“后异其人，欲嫁之，请于父母”，源自《旧五代史》引述《东都事略·张永德传》）。而且，择日不如撞日，嫁人这事，说干就干。

作为两个头脑正常的普通人，柴氏的父母被女儿的大胆想法雷得外焦里嫩，并且对头脑发热的女儿进行了劝阻，他们说：“汝帝左右人，归当嫁节度使，奈何欲嫁此人！”（《旧五代史》引《东都事略·张永德传》）。这句话翻译过来就是：女儿你虽然现在是个寡妇，但是好歹也曾经是当朝天子身边的女人，即便是下嫁，至少也要嫁给个节度使，怎么会想到嫁给这个人呢？不过，在冲动的女人面前，父母的劝阻往往是无效的。在柴氏本人的坚持之下，柴氏和郭威，当天就在旅店中拜堂成亲入了洞房。

正史中，并没有记载面对柴氏的投怀送抱，郭威到底是如何反应。不过按照常理，面对如同电影剧本一样的人生奇遇，郭威多半会有所犹豫或者猜忌，甚至会对人生产生片刻的怀疑。不过虽然心里打鼓，郭威还是得到了一位打着灯笼都难找的贤内助。

柴氏是一个有眼光的女人，她不仅冲破家庭的阻力以身相许，而且还把随身带来的金银财宝分一半作为自己的嫁妆。凭借这笔意外之财，郭威改善了自己的生活，并且从此以后一路官运亨通。到后来，在郭威小有成就、志得意满的时候，柴氏又经常规劝自己的丈夫戒酒戒赌，这使得年轻时的郭威，纵然时有玩世不恭，但也始终没有偏离正确航向。事实证明，郭威捡到了宝。即便放在现在，万千男性中又有几个能有这样的运气遇到如此的患难有情人呢？

柴氏去世很早，但柴氏的贤惠让郭威铭记一生。发迹后的郭威依然念念不忘柴氏的恩情，他后来把柴氏的内侄柴荣收作自己的养子，并将其改名为郭荣陪伴在自己身边。

作死的皇帝

郭威真正的出人头地，是从辅佐刘知远开始的。

刘知远，沙陀族，是一名典型的乱世军阀，后来的乱世皇帝。他童年时是大唐臣民，从军后服务于后梁王朝，随同李存勖建立后唐王朝，在后晋王朝大红大紫，最后自己建立后汉王朝。这样的人，适合乱世求生，因为他迷信武力，信奉丛林法则，在战争中学习战争，在阴谋中酝酿阴谋。虽然辅佐后晋高祖石敬瑭平定天下，又匡扶后晋少帝石重贵登上帝位，但刘知远却对这两个上级领导非常看不上。石敬瑭做了契丹人的儿皇帝，对契丹领袖“称儿又称臣”，石重贵则坚守自己的气节，坚持“只称孙而不称臣”；刘知远则更进一步，他觉得这两任皇帝其实都缺心眼，而自己才是一个具备高度政治觉悟的人。他的逻辑是称臣不称儿，也不能丢失幽云十六州。换句话讲：脸可以不要，但实惠却不能轻易让人。

刘知远能有这样的想法，其实已经很不容易了。对于他来说，理想和节操在这个乱世里并不能当饭吃，只有活在当下，不断扩充自己的实力，不断攫取自己的利益，才是最重要的。当然，在刘知远一步步地建立自己的势力范围的时候，郭威也追随刘知远，一步步达到职业军人生涯的巅峰。

公元 947 年，北方的契丹族领袖耶律德光俘虏了后晋皇帝石重贵，好好教训了一下这个只称孙而不称臣的“硬骨头皇帝”，并顺势灭亡了后晋王朝。趁整个中原空虚之际，刘知远在郭威等近臣的辅佐下，进入开封，刘知远自封为皇帝，史称“后汉高祖”。一年之后，刘知远病死。临死之前，刘知远将年轻的新皇帝刘承祐托付给郭威等朝廷重臣，刘承祐也就是“后汉隐帝”。

事实上，当时已经44岁的郭威，戎马半生，位高权重，已经官至后汉的枢密使一职。但他面对18岁的少年——幼主刘承祐的时候，并没有安于享乐或者拥兵自重的主观意愿。

要知道，当时像郭威这种拥兵而不自重的军头，几乎凤毛麟角。比如刘知远本人，当年虽然名义上是后晋老石家的河东（山西太原）节度使不假，但其实就是割据一方的地方军阀。后晋面临契丹人亡国灭种危险的关键时刻，刘知远先是隔岸观火，之后又乘虚而入，自顾自地面南背北称帝了；又比如，如今刘知远尸骨未寒，刘知远的老部下河中（山西永济）节度使李守贞、永兴（陕西西安）节度使赵思绾（wǎn）、凤翔节度使（陕西凤翔）王景崇等地方军头就纷纷起兵造反。

不辞劳苦的郭威，为幼主刘承祐南征北讨。他先是起兵讨伐李守贞，逼得李守贞弹尽粮绝，自焚而死；之后，郭威又乘势逼降了叛将赵思绾和王景崇。在荡平内乱的基础上，郭威又出兵河北，大败契丹。应该来讲，郭威对得起刘知远对他的信任，也对得起刘知远临死前的托孤。在乱纷纷的五代时期，郭威这样有节操、有底线、有文化的实力派军人，可遇而不可求。

但可惜的是，刘承祐并不这么想。

刘承祐是那个时代的人们普遍崇尚武力的典型代表，对于他来讲，他根本不会理解郭威的内心世界，也不知道军人除了带兵打仗之外还应该具备“忠信孝悌，礼义廉耻”的普世价值观。在刘承祐的所有认知中，他所接触的乱世武将，大都是他父亲刘知远那样的人，或者是前面提到的李守贞、赵思绾那样的人。

比方说李守贞，一辈子活着就是为了活着，为了活着可以背叛后晋投降契丹，也可以为了活着背叛契丹投降后汉。这种人的人生没有信条，有奶便是娘；又比方说赵思绾，赵思绾这种人基本上没有太长远的打算，基本上就是快活一天是一天。为了快活，不仅每天酒色财气，高兴了还要吃人肉，喝人血。（“经年粮尽，遂杀人充食。”《旧五代史·卷一百零九》）据说赵思绾酷爱吃人肝配酒喝，自认为吃一千副人肝就可以“胆气无敌”。最后这货虽然打了个很大的折扣，但也一口气吃了六十六副人肝。（“贼臣赵思绾自倡乱至败，凡食人肝六十六。”《太平广记》）

说得直白一点，生逢乱世拼下限，而承平盛世才能拼上限。在五代那个黑暗时代里，生存都要靠拼下限，只不过郭威的思想超越了当时他的时代而存在，而刘承祐则远远到不了这个档次。更加可怕的是，刘承祐这种人，他会用自己的价值观来套用郭威的价值观。

刘承祐决定要对前朝老臣进行清洗，在他大开杀戒之前，居然没有想好合适的借口，史书上只是简单交代了一句——刘承祐长大了，不想被那些前朝的老臣所制约。（“帝年益壮，厌为大臣所制。”《资治通鉴·后汉纪四》）

好一个“厌为大臣所制”，凭这个借口，刘承祐开始在京城汴梁举起屠刀。公元950年，杨邠、史弘肇、王章等顾命大臣先后被杀掉，而且几乎都是灭九族的杀法。要知道当年老皇帝刘知远临死之前，要求帮助刘承祐治理天下的顾命大臣总共就只有五个，除了以上提到的那几个，还有苏逢吉、郭威。苏逢吉是和皇帝穿一条裤子的，皇帝想杀人，苏逢吉就负责执行。那么五个顾命大臣五去其三，掰着指头数，也就只剩下郭威了。

一不做二不休，刘承祐又将矛头对准了带兵在外的郭威，准备除掉郭威，以绝后患。刘承祐这种人在中国历史上并不少见，迷信武力的终极高度，就是幻想用武力来实现所有的政治企图，这是典型的本末倒置。武力永远都是政治的辅助手段，而不能作为唯一手段。比武力更加重要的事情，是建立最广泛的统一战线，团结一切可以团结的力量。否则单纯依靠秀肌肉，今天打这个，明天打那个，打来打去，自己就成了众矢之的，孤家寡人。纵然你有三头六臂，最后的下场也是被群起而攻之。

这还不是刘承祐最致命的问题。

最致命的是，郭威是一个带兵在外的军事实力派。从技术角度来讲，刘承祐如果要实现干掉郭威的战略企图，至少要能够想到两套方案——第一套方案是军事政变，这是上策；第二套方案则是正面开战，这是下策。军事政变的精髓在于出其不意，动手之前要做好充分的保密工作。篝火狐鸣、鸡鸣狗盗，或者坑蒙拐骗偷，无论过程有多么龌龊，只要能够保证杀掉对方就可以。军事政变的最大好处，就是能够用最小的代价，换取最大的胜利成果。在第一套方案无法实施，别无选择的情况下，才考虑采取第二套方案——正面开战。然而第二套方案——需要有硬实力作保证，为战争的结果做综合评估。如果不能够保证一口吃掉对手，则很容易在之后的军事对抗中出现胶着局面，甚至反被对手一口吃掉。所以第二套方案的精髓在于审时度势、权衡利弊。如果事先综合评估的结果，是无法靠硬实力进行正面对抗，那就绝对不能撕破脸，就算是装孙子也要先忍着，因为好汉不吃眼前亏。

刘承祐的无知在于，明知道自己没实力，却大张旗鼓地在京城开封大杀功臣，这等于是关闭了秘密军事政变的可能性，提前通知了带兵在外的郭威坚决不能回京城，否则就是死路一条。这样一来，军事政变这条路走不通。但正面开战这条路就更扯了，因为郭威本身就是被朝廷派往河北地区对抗契丹、拱卫京师的，可以说是当时后汉政权辖区内，最强大的一支军事力量。

所以刘承祐是三毛钱的阴谋家、一毛钱的军事家。送两个字给刘承祐——愚蠢。刘承祐更大的愚蠢之处在于，他忘记了郭威不仅仅是带兵在外的后汉枢密使，他还有另外一个身份——邺城留守。

邺城这座城市，非同一般。

邺城传奇

我们先来看一下千里沃野、四战之地的黄淮海平原。（见图 2-5）

如此大平原，一望无垠，天广地阔。没有大的河流，也没有起伏的群山，甚至连低矮的丘陵都很难见到。正因为如此，大平原地区在战争中的战略纵深极差，适合大规模野战和正规战，而不适合偷袭和游击战。平原地区的平原游击队、敌后武工队这些当年的抗敌武装，在平原地区辗转腾挪，经常依仗春种秋收之间的庄稼做掩护——俗称“青纱帐”。南方人和北方人，经常争论一个作战意志的问题，实际上这并不具备可比性。南方河网和群山阻隔，足以满足作战人员的隐蔽性和突然性需要；而平原地区如黄淮海地区，很容易被外来强大敌人征服，零星反抗也不足以给敌人造成致命伤害。比如宋金战争，又比如抗日战争时期，黄淮海地区经常是大片大片地沦为敌占区，这是包括地形因素在内的各种因素造成的，不能单纯地将作战意志放大。

那么如此无险可守的大平原，果真不好吗？

实际上，我们前面所涉及到的无论长安、洛阳，还是四川与幽云十六州，都是单方面强调军事价值。我们恰恰忽视了一点，那就是无险可守的大平原，具备相当高的经济价值，并且具有极其低廉的交通成本。

拥有山川阻隔，可以拒险而守的谷地平原当然好，比如关中平原、四川盆地。但像黄淮海平原这样的地方，即便守不住，也要创造条件来守。因为黄淮海平原这片开阔地，是典型的中国北方粮食主产地。在没有水患肆虐的年份，这些地方千里沃野，粟麦飘香，足以养活大量的人口和军队。所以这样的地方，往往会被军事对峙的双方反复争夺。

那么问题来了，在这样的平原之上，如何才能有效布置防守呢？

我们首先想到的，还是自然条件。

大平原地区没有群山环绕，就只能依靠河流水系。那么我们先来看一张黄淮海地区的水系图。（见图 5-1）

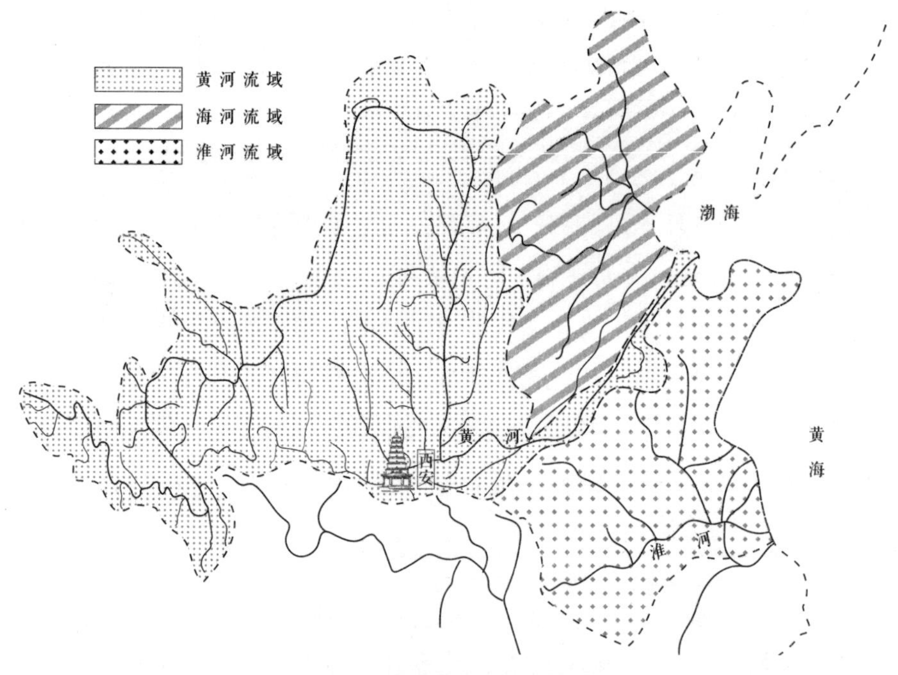

图 5-1 黄淮海地区的水系图

这张图给我们的结论是：对于整个黄淮海平原来讲，黄河仅仅意味着一条河，而绝大部分的面积，都是属于海河水系和淮河水系的。以黄河为界，黄河以北属海河流域，黄河以南属淮河流域。我们这里先不谈淮河，先谈一下进入文明区域更早、存在感更高的海河流域。我们再打开一张图，如图 5-2：

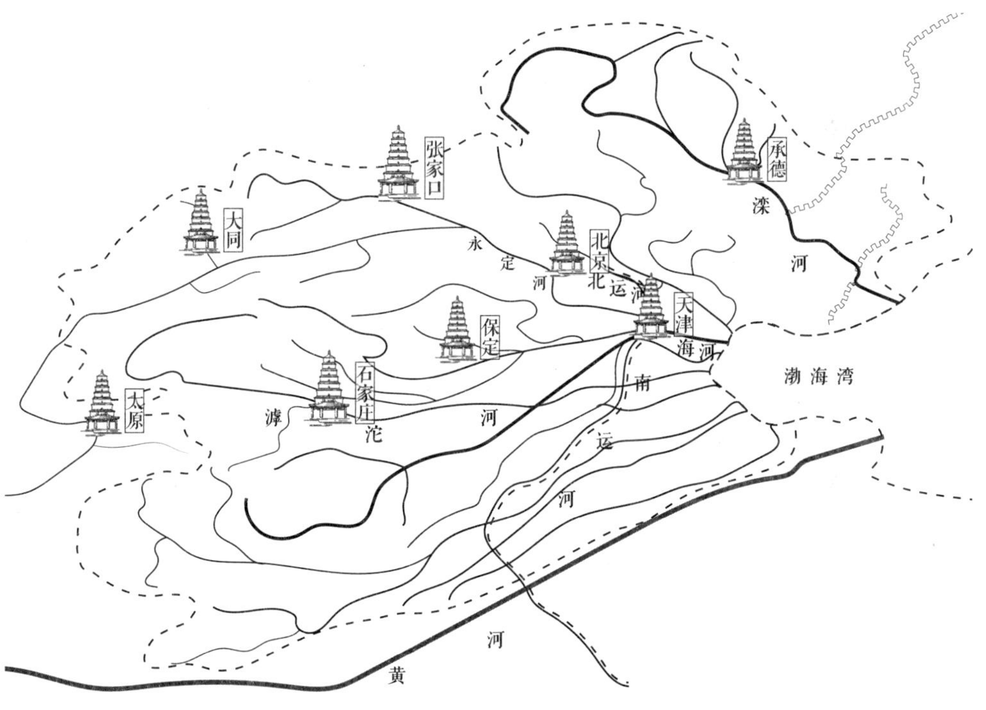

图 5-2 海河流域图

海河流域，是一个典型的扇形冲积平原。所有河流的入海口——渤海湾是扇柄，整个海河流域，像一把巨大的扇面铺开在一望无际的平原地区。与此同时，无数河流像人类的血管一样平铺在这个扇形冲积平原上。于是，在河流的旁边，自然自发地形成了无数个城市，城市依靠河流获取水源以及便利的交通，同时又依靠河流获取自然屏障，抵御外敌入侵。于是，海河的旁边有了天津，滦河的旁边有了承德，滹沱河的旁边有了石家庄。需要特别说明的一点是，在降水量稀少、河流径流量有限的北方，河流这样的天然屏障，确实无法和高大的山脉相提并论，能够提供的防御也非常有限。

于是，平原筑大城，就成为另外一个平原防守策略。

城市的形成不是偶然的。首先城市的形成需要居民，有了居民才有了生产和生活，才有了商品交易，才有了“市”。没有居民作保证的城市只能称为“城”，而不能称为“城市”，充其量是个堡垒式的城郭。如果有大量人口居民作为城市的基础，则城市需要有经济能力来养活数目庞大的人口。就冷兵器时代来讲，城市周围必须有成片的粮食产地。如果城市人口越来越多，本地出产的粮食不够用，则需要通过陆路或者水路交通来运粮。满足了基本生存需求的城市人口，还需要绫罗绸缎、烟酒糖茶等经济类商品，而这些商品的流通，则更加需要交通的繁荣。

所以，平原地区建立大城和堡垒，还需要有强大的交通能力作保证。

古代交通中，陆路运输是最吃力不讨好的一件事情。比如骡马运粮，这事不能说不行，但是骡马也是肉长的，不是铁打的，骡马本身也需要消耗粮食。当时的中原大军远征大漠，用骡马千里运粮，很多时候粮食到不了前线将士的口中，半路上就被骡马吃光了。所以，当时最有效率的交通方式，莫过于水路漕运。对于古代人来讲，水路漕运就相当于今天的高铁，是当时最高效最先进的交通方式。正因为如此，隋炀帝组织开凿的隋朝大运河，一直到近代，还有着独特的交通价值。

我们再来看一下隋朝大运河。（见图 2-12）

隋朝大运河，南北跨越了钱塘江、长江、淮河、黄河、海河五大流域，是古代南北水路漕运最为繁忙的一条河流。隋朝古运河流经海河流域的运河段，叫作永济渠。这条永济渠，是整个海河流域唯一的一条源自江南地区并且是南北走向的河流。换句话讲，如果要在河北地区修建大城，一定要考虑和永济渠连通，才能够体现出城市的交通和经济意义，才能够养活更多的人口，才能有余地扩张城市。

郭威留守的邺城，就是这样的一座城市。

我们来看邺城的地理位置。（见图 5-3）

邺城的西边背靠太行山，通过太行八陉可以西进河东地区；邺城的北边和东边，就是太行山和山东丘陵夹在一起的一条平原大通道，整个宽阔的黄淮海平原上最细长的瓶颈地带。上一节讲到的靖难之役，燕王朱棣就是在这条平原大通道上，同建文帝的南军反复拉锯和争夺；邺城的南边紧邻漳河，漳河再往南是卫河。事实上，今天看到的卫河，就是古代永济渠的其中一段。而卫河再往南，是天险黄河。漳河是卫河（永济渠）的一条支流，漳河、卫河汇合之后，进入山东的临清、德州段，然后在这里向北流向京津。所以不管是元朝以前的“隋朝古运河”，还是元朝 1291 年由郭守敬重新设计改道之后的“京杭大运河”，在临清以北是基本重合的。重合的这部分运河，在山东、河北两省分界处这一段有个名字，叫卫运河或者漳卫运河。正如我们在靖难之役中提到的，卫运河以及华北陆路交通要冲——德州与河间，包括尚未提到的临清与沧州，都是卫运河（永济渠）上的名城，是历来的兵家必争之地。

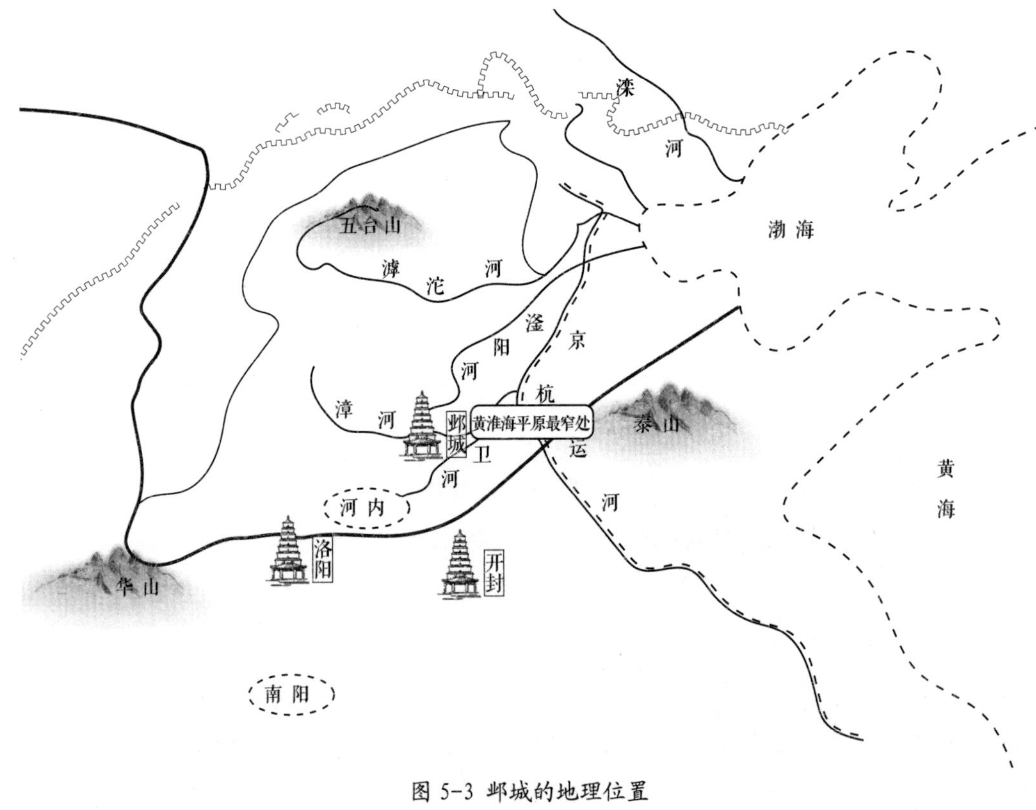

图 5-3 邺城的地理位置

太行山和平原大通道给邺城足够的军事依托，漳卫运河给邺城带来的是经济繁荣与物资保障，并且在古代黄河频繁改道入海的北方，邺城同黄河的距离适中，不会因为黄河水患而波及到城市的生存发展。所以，邺城这座大城崛起于黄淮海平原，并非无缘无故，而是古人深思熟虑之后的必然选择。

一句话，立足邺城建筑高墙和坚城，西靠太行天险，往东往北可以有效地辐射黄淮海大平原南下的必由之路，往南可以控制黄河，虎视中原。同时，水路运输畅通又保证了邺城的经济和人口保有量。

不过如上所述，这还远远不是邺城最要命的地方。

再来复习一下洛阳盆地地形图（见图2-11），我们发现，邺城恰好处于河北地区与河内地区在太行山脉的夹角上。从邺城沿太行山经卫河（永济渠）往西南方向，恰好就是河内地区。对于洛阳盆地来讲，北部防线隔黄河相望，河内地区首当其冲。河内之于洛阳，就相当于河东之于关中，都是在地理上连成一片，仅仅依靠黄河天险分开。于是，有邺城这个政治、经济、军事堡垒在，就会时时威胁到洛阳的战略安全。西魏权臣宇文泰和东魏权臣高欢，就曾经在黄河岸边的邙（máng）山展开大战。双方各自倚重的战略据点，就是洛阳和邺城，面对黄河以北、河内边缘的邺城，黄河南岸不远拒险而守的洛阳，在军事灵活性上相当被动。所以在当时的邙山之战中，来自邺城的高欢，取得东、西两魏对抗的完胜。

正因为如此，明末清初的著名学者顾祖禹说："宛不如洛，洛不如邺也。"（《读史方舆纪要》）也就是说，洛阳可以向南控制南阳盆地（治所宛城），而邺城则又可以向南控制洛阳盆地。

古人很早就意识到了邺城对于黄淮海大平原的重要意义。

邺城在中国历史上的第一次闪光，是在战国时期的魏国。几千年前，西门豹治理漳河的"引漳十二渠"，至今还有遗迹存在。西门豹治邺的很多轶事，很早就被选入了我国小学语文教科书。

后来邺城真正开始发家，是在三国时代的曹魏。当时的曹操，充分考虑了中原布防四面受敌的尴尬处境，为了能够东西兼顾，南北无忧，精明的曹操索性搞出来五个首都，分别是——长安、谯（安徽亳州）、许昌、邺、洛阳。（"三国魏以长安、谯、许昌、邺、洛阳为五都。”《三国志·魏志·文帝纪》）其中的邺城，是唯一一座坐落在黄河北岸的陪都。邺城的存在，就是为其他四个城市，提供来自北方的心理安全。

从曹操开始，连续有曹魏、后赵、冉魏、前燕、东魏、北齐六个朝代选择定都邺城。邺城成为名副其实的“六朝古都”。如果中国北方分裂为东、西两部分，则邺城和长安，经常成为东、西方向上，割据双方政治军事的重中之重。不仅西魏、东魏，还有前文提到的北周、北齐的对峙，都是以邺城和长安为双方的首都（见图5-4）。而夹在邺城与长安之间的洛阳，则不幸成为双方交兵的战场，被反复地你争我夺。

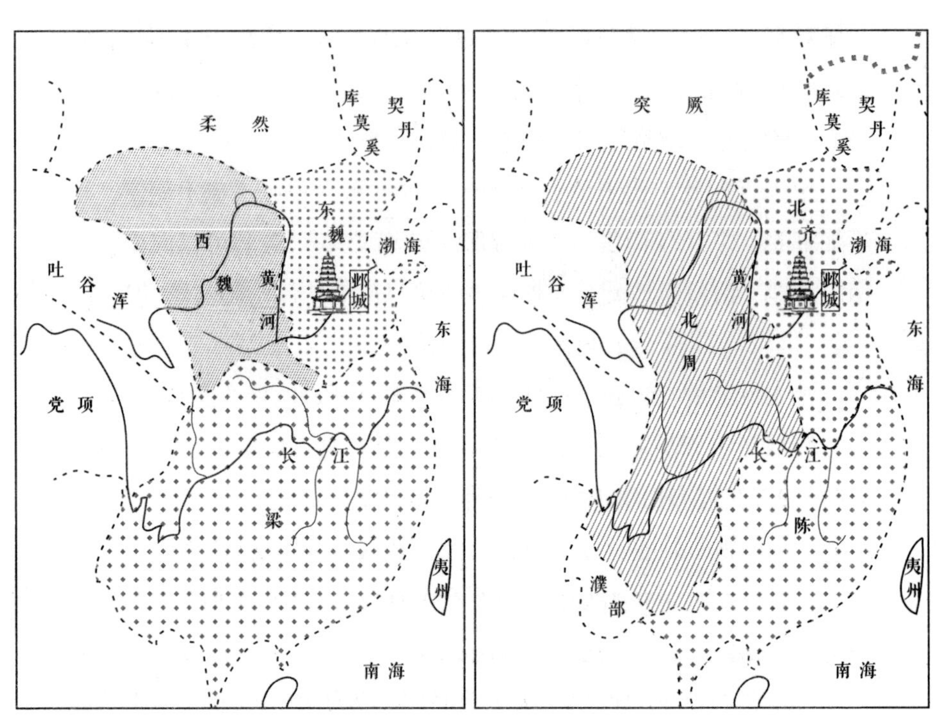

图 5-4 被反复争夺的邺城

到了隋文帝杨坚代周的时候，相州总管尉迟迥以邺城为基地，起兵反对杨坚，最后兵败自杀。这件事情让隋文帝杨坚意识到：一个繁荣发达的邺城对于长安和洛阳的地缘威胁，最后杨坚决定对邺城进行焚毁。并且将原来邺城的十万人口，迁至邺城以南十八公里的安阳。并且，将安阳重新命名为新的邺城。新邺城兴起之后，古邺城开始走向衰落。

古邺城虽然已经衰落，但新的邺城——安阳地处漳河与卫河之间，从某种程度上延续了古邺城在河北地区的政治军事地位。而不管经济和人口如何增减，优越的地理位置是搬不走的。所以，在五代时期，新邺城还依然经常成为黄河以北抵御契丹南下的军事桥头堡。因此，我们在唐诗中会听到这样的诗句——“听妇前致词，三男邺城戍。一男附书至，二男新战死。”（杜甫·《石壕吏》）

这种情况发展到北宋时期，建都在中原四战之地的宋太祖赵匡胤，效法当年的曹操，给北宋设立了四个都城，东京开封府、西京洛阳府、南京应天府（河南商丘）和北京大名府（河北大名）。黄河以北的重镇大名，在古邺城以东不远。大名脱离了太行山的依靠，地处华北平原腹地的隋朝大运河畔，成为南北陆路水路交通的重要枢纽。所以，我们在《水浒传》这本书中，才经常听到好汉们动不动就要商量一下攻打大名府。直到北宋时期，大名府才在政治、军事、经济等各个方面彻底替代了古邺城的历史地位。

这种情况又持续了两百多年，直到元代运河改道。永济渠被完全废弃，新的京杭大运河沿会通河纵贯山东腹地而过。华北平原上的名城大名府才被渐渐废弃，取而代之的是新的京杭大运河河畔的临清府等地。

此时此刻，枢密使郭威就兼任邺城（今安阳）留守，手握重兵，虎踞在黄河以北的开阔大平原上。

黄袍加身

刘承祐在开封对老臣大开杀戒，同时又准备起兵讨伐郭威的消息传到邺城。忠心耿耿的郭威，百般无奈之下只能选择起兵反抗。然而这个时候，已经撕破脸的刘承祐，一不做二不休，干脆将在京城的郭威一门老幼全部杀掉。实际上，这样的举动对于战争本身的走向和结局，不会有任何影响，更多的是出于泄愤和任性。

应该来讲，邺城这座城市雄踞河北，本来就是后汉政权为拱卫黄河南岸的京城汴梁(开封)而设计的。所以我们换一个角度考虑，从邺城出发，打到黄河南岸地区，这件事情几乎没有任何悬念。京城汴梁既无险可守，也无兵可派。愤怒的郭威，率领军队反戈一击，由北向南层层推进，连战连捷直逼首都（开封）。城破，郭威随即进入京城。

进入京城的郭威，并没有找到刘承祐，因为刘承祐带着苏逢吉逃跑了，逃跑的途中又被人杀掉。然而即便被刘承祐杀了全家，甚至包括襁褓中的婴儿，但武装进入京城的郭威，依然是那个有底线的人。郭威并没有立即称帝，也没有对刘承祐的家人进行屠杀。与之相反，郭威首先想到的是稳定帝国局面。

要想稳定局面，郭威首先要请出德高望重的皇太后。

皇太后李氏，是刘知远的原配夫人。在很多文学作品中，李太后又被称为“李三娘”。民间俗语中说某个人“哭得跟李三娘似的”，其实说的就是李太后。五代短短几十年，出了很多非常有名的贤内助。比如后梁朱温的贤内助张惠，郭威的柴氏，刘知远的遗孀李太后也是。

李太后年轻的时候，刘知远因为家贫，到李太后家里提亲被拒。后来，恼羞成怒的刘知远带人去抢亲，强娶了李太后。在刘知远的整个征战和后来的皇帝生涯中，李太后在背后的出谋划策功不可没，并且李太后希望刘知远能够善待人民，以换取民心的支持。刘知远听媳妇的话，在执政的大方向上照方抓药，对于当时的乱世来讲弥足珍贵。李太后后来为刘知远生了个儿子，就是这个有些任性和幼稚的刘承祐。

刘承祐的倒行逆施，李太后曾经苦苦劝谏，希望皇帝能够刀下留人。但是最后，并没有起到实质性的作用。

郭威进入汴梁城，第一时间请出李太后，希望她能够协助稳定社会局面。

李太后尽职尽责，不负重托。

公元 951 年，郭威在澶州（河南濮阳）发动政变，部下给郭威黄袍加身。回到汴梁后的郭威，妥善安置了李太后，李太后后来得以善终。郭威从此正式登基称帝，建立大周王朝，史称“后周太祖”。

说句题外话，郭威黄袍加身的这个澶州，其实同邺城一样，也是古代河北，也就是黄淮海平原上的重镇。澶州也就是今天的河南濮阳，坐落于黄河北岸，冀、鲁、豫三省交界处。澶州兵变再往前追溯几千年的上古时代，这个地方叫作“帝丘”，是五帝之一颛顼的都城；澶州兵变之后半个世纪，宋辽战争多年的结局是在这个地方达成了一个大妥协——“澶渊之盟”；再往后一个多世纪的宋金战争高潮期，为抵御金兵南下，杜充于宋高宗建炎二年掘开黄河。到了1194年，黄河突然“夺淮入海”，濮阳彻底沦为黄泛区，人口和文明凋落，影响深远。

澶州的话题按下不提，回头再看郭威。

被逼兵变、登上皇位后的郭威，依然不改当初的本色。作为皇帝，他经常提醒自己是穷人出身，所以事事不敢造次。他的吃穿用度、宫廷陈设，依然保持了一个普通人的标准，而没有随着地位的上升而上升。他对穷人充满了深厚的感情，即位之后立刻减免苛捐杂税，废除严刑峻法。更加重要的是，在那个黑暗的军政府甚嚣尘上的时代，他亲自去山东曲阜祭拜孔子，修缮孔庙，他试图用他的实际行动，改变整个社会半个世纪以来的扭曲价值观。郭威更加没有忘记自己的结发妻子柴氏，他追封柴氏为皇后，直到他驾崩之前，后宫再没有设立皇后。

值得八卦一下的是，除了柴皇后来自后唐皇帝李存勖的后宫之外，郭威的其他三个正式册封的妃子，杨淑妃、张贵妃、董德妃，都是普普通通来自民间的丧偶寡妇。这一点上，郭威恐怕也是中国皇帝中的第一人。

郭威如此的择偶观，我们分析应该是有原因的。在那个年代，生娃是死亡概率非常高的一件事。所以很多急于求子顶门立户的男人，往往选择纳妾，纳那些身强力壮生过孩子的妇女。如果还是选择少女，对于求美没问题，求子就走偏了。要说郭威本来是不缺儿子的，只不过郭威的儿子们，当年都被刘承祐灭门了。于是，已经年近五十的郭威，如果要想迅速再生一个自己的亲骨肉，最便捷的方式就是找寡妇熟女。

当然，抛开对郭威喜好寡妇这种个人择偶观的调侃之外，我们其实也可以看到一个艰苦朴素、平易近人的皇帝作风。就连选择皇妃这件事，都尽量一切从简，充分利用现有的社会资源，而不去浪费无谓的朝廷行政力量，大张旗鼓地满足自己的私欲。

然而，郭威的皇帝生涯，只持续了三年。

公元954年正月，郭威病重。此时此刻，郭威依然没有改变自己的初心。他叮嘱手下人说："我若不起此疾，汝即速治山陵，不得久留殿内。陵所务从俭素，应缘山陵役力人匠，并须和雇，不计近远，不得差配百姓。陵寝不须用石柱，费人功，只以砖代之。用瓦棺纸衣。临入陵之时，召近税户三十家为陵户，下事前揭开瓦棺，遍视过陵内，切不得伤他人命。勿修下宫，不要守陵宫人，亦不得用石人石兽，只立一石记子。"（《旧五代史·周太祖本纪》）也就是说，在郭威生命的最后时刻，他还在考虑为国家节省人力物力，在自己的陵墓上不要铺张浪费，不掘土为陵，而是因山而陵。只雇佣工匠，而不用民夫百姓。没有金缕玉衣，没有专人守陵，也不用石人石马石像生。跟之前历朝历代无数庸碌无能的皇帝相比，后周开国皇帝郭威，如此的下葬要求，只能用寒酸来形容。

郭威主动提出来的特殊要求只有一个——"只立一石记子"。也就是用一块石碑，来记载自己的生平事迹。作为皇帝的郭威，临终之前考虑的依然是流芳千古，而不是死后在另外一个世界的虚妄尊荣。

我们只能感慨，郭威是超越他的时代而存在的。唐末以来，梁、唐、晋、汉四朝加起来，北方已经连续动荡了半个世纪。不断的战争和流血，使北方人口锐减。每一个短暂的政权都疲于自保，来不及发展生产，更谈不上富国强兵。并且连续三朝的后唐、后晋、后汉都是沙陀族面南称帝，正宗中原汉族反而靠边站。郭威的上位，让汉人重新夺回帝国正统，完成了类似于隋文帝杨坚的一个精简版本的“再造华夏”。从郭威开始，中国开始告别五代十国的黑暗时代，重新开启属于儒家文明的历史进程。

郭威在弥留之际的另外一个英明决定，就是立储。

亲王尹京

事实上，郭威几乎所有的亲戚，都在四年前被刘承祐所杀。这其中，也包括了郭威的两个儿子、两个女儿。这固然是郭威个人的大不幸，但正是因为如此，郭威的立储，才给我们选择了一位足以继承郭威遗志的新皇帝——郭荣。

郭荣也就是柴荣，郭威的养子，柴皇后的内侄。当年已经成年的他，随郭威在外征战，才免于刘承祐的毒手。即便如此，柴荣在京城的三个儿子——郭宗谊、郭宗诚、郭宗諴（xián）也被刘承祐杀掉，因此柴荣成为了郭威皇位的第一顺位继承人。但事实上，这个时候，郭威还有两个可能的选择——张永德和李重进。

张永德，娶了郭威的第四个女儿寿安公主，是郭威的正牌女婿。更值得一提的是李重进，是郭威姐姐福庆长公主的亲生儿子，时任殿前都指挥使一职。和柴荣相比，李重进作为郭威的亲外甥，两个人有直接血缘关系。俗话说得好，“外甥随舅舅”，郭威生前对李重进，想必也是给予了非常多的信任与期望。而更加耐人寻味的是，郭威生前并没有立太子，皇储这个位置长期空缺。

事实如何呢？

恐怕，真相并没有我们想象的那么复杂。

首先来讲，在五代那个拚下限的年代，尤其在当时的北方，很多人头天晚上睡觉，都不敢保证能否顺利地看到明天的太阳，能开开心心地活着都已经很知足了。下到贩夫走卒，上到达官贵人，概莫能外。作为整个国家风口浪尖上的人物，郭威这种人的死亡率是相当高的。郭威之前的四个短命王朝，皇帝不管是传给儿子还是侄子，不管是生前有无立储，大部分都是皇位的非正常交接。甚至于很多皇帝，压根就是非正常死亡，根本谈不上交接的问题。比如后梁开国的朱温，后唐开国的李存勖，都是遇刺身亡的。当然，除了皇帝，朝廷上的大臣也不例外。前朝的刘知远身后，郭威这波五个顾命大臣，转眼就死了仨，还连累了自己的家人。郭威是五代那几十年里少有的明白人，他要是对这事心里没数，就不会急着找寡妇赶紧生孩子。随时做好从这个世界上消失的准备，并且在此基础上做好死后的预案，郭威这样想才是最正常不过的事情。

其次，柴荣叫作“柴荣”，而不是被称为“郭荣”，这事其实是正史代代相传的，后世沿用了这个叫法而已，但实际上最早对柴荣的历史记载，都是出自宋人手笔。宋人本着高度的政治正确的观点写史书，就一定会写“柴荣”。因为柴荣继承的是老郭家，而后来赵匡胤又取代了老柴家。都是异姓之间的互相取代，看起来非常合乎情理。然而，当年继承大统的柴荣，他的名字从一开始被郭威收养，就已经叫郭荣了。而且柴荣明里是被郭威收养，暗里却是为柴氏过继，而柴氏就是郭威唯一的正妻，柴荣也就相当于是嫡长子的身份。当郭威后来把皇位传给郭荣，郭荣难道会忙不迭地改名叫作“柴荣”吗？如果真这样做，柴荣是为了表示和郭威划清界限？还是要证明自己不是后周正统呢？而实际上，后来柴荣做了皇帝，当时柴荣的亲生老爹柴守礼还在，柴荣并没有给柴守礼上皇帝的尊号，也没有给特殊的礼遇。柴荣对柴守礼，一直“以元舅礼之”，也就是始终保持着舅甥关系。这还不算完，柴荣不当皇帝的时候，爷俩有时候还能见见面，而自从柴荣当了皇帝，柴守礼就再也没有踏进过京城汴梁的大门。皇位继承权上的合法性，是一件很严肃的事情，所以柴荣在当时只能叫郭荣，而且在郭威看来，那就是视同己出，这事是常识。

第三，古代的皇帝，一般都会在生前提前指定接班人，而如果没有指定接班人，则一定会暗中培养接班人。比如前文讲的康熙皇帝，他前期指定过接班人，后期也培养过接班人。指定的接班人，那叫皇储。那么即便拿皇储来说，这个身份一旦确认，皇帝身边的人就一定能从皇帝的行动中看出端倪。比如行军打仗吧，皇帝御驾亲征，那就留皇储在京城监国。这样做的目的，是不把鸡蛋都放在同一个篮子里。否则皇帝和皇储在一起，万一被敌人一锅端了，那么这个国家的中枢神经指挥系统就失灵了。前文讲到的唐玄宗、唐肃宗、宋徽宗、宋钦宗在大敌当前的时候都是分头行动，其中也暗含着这个朴素逻辑。

我们来看一下郭威的选择。

当时郭威任后汉枢密使，兼邺城留守。京城一出事，郭威南下讨伐刘承祐，而柴荣并没有随队出征。部队开拔前，郭威是让柴荣做了邺城留守，协助郭威看着自己起家的大本营和后方的根据地；而到了后来，郭威发动澶州兵变，黄袍加身。郭威跑到京城汴梁做了皇帝，就把柴荣调到了澶州，让柴荣做了澶州刺史；那么这还不算完，到了后周广顺三年，也就是公元 953 年，郭威更是加封柴荣为“晋王”，并出任开封尹。

郭威的这些举动，显然都不是无意为之。

而且，柴荣被加封晋王并兼任开封府尹这件事情，到了北宋早期甚至被官方总结成了一种确立皇储的标志性动作，被后世称为“亲王尹京”现象。所谓的“亲王尹京”意思就是皇帝生前不立太子，而到了时机成熟的时候，就把皇帝心目中的准皇储任命为“开封府尹”。皇储在晋位开封府尹之前，一般是亲王，所以叫“亲王尹京”。比如此时的柴荣，现在是晋王兼开封府尹，后来做了皇帝；而到了后来，赵匡胤生前，宋太宗赵光义当时也是晋王兼开封府尹；宋太宗的儿子宋真宗赵恒，早年也不是太子，而是先做亲王，之后做开封府尹。宋太宗临死之前两年，才把赵恒确立为太子。

经过如上分析，对于郭威的选择，我们应该大概可以了然。

当然，无论是哪种说法，郭威在生前一定也经过了慎重的权衡，以致在他弥留之际，指定柴荣为自己的继承人之后，就要求李重进在自己的病榻前向柴荣跪拜，提前行君臣之礼。郭威要用这种公开宣誓的手段，来要求李重进的绝对忠诚，保证皇位交接的顺利并且确立明确的上下级关系。

我们不得不佩服郭威看人眼光之准确，也佩服郭威对于立储这件事安排之周密。从此以后，李重进成为柴荣的左膀右臂。若干年后，当后周被赵匡胤取代时，忠心耿耿的李重进起兵失败，在自己的家中自焚而死，杀身殉国，他此生都没有辜负舅舅郭威的期望。

公元 954 年，后周太祖郭威驾崩，柴荣顺利即位，史称“后周世宗”。

商人思维

柴荣的成长环境，跟其他大部分的帝王都不太一样。

同郭威自小父母双亡不同，柴荣的老爹柴守礼一直在世，并且一直活到了北宋初年。柴荣早年被送到郭威家里收养，并非因为郭威没有儿子，而是郭威的正妻柴氏一直生不出儿子。所以柴氏的哥哥柴守礼才把柴荣送到郭威家里，为柴氏过继。柴荣在郭威家中度过了自己的少年时代，他获得了更好的成长环境，尤其是教育环境。与此同时，郭威和柴皇后的言传身教，也给柴荣的成长留下了深刻的印象。长大之后的柴荣，受到了黄老之学的影响，同时在郭威的指导之下又具备了良好的军事功底。

不过，柴荣最开始，却并没有选择从文或者从武。

柴荣最早的营生，是贩卖茶叶。所以，早期的柴荣是一个商人。

作为商人的柴荣，具备精打细算和工于计较的天性，并且跟如今生意场上的老板们没有什么区别，柴荣是一个严格以结果为导向一步步实现商业计划的人，为了实现自己的既定目标，柴荣争分夺秒，孜孜以求，折磨自己也折磨别人。所以，史书对柴荣的记载接近完美，但是却指出了柴荣性格上的一点小瑕疵——“禀性伤于太察，用刑失于太峻”(《旧五代史·后周·世宗纪六》)。这里的“察”，跟

“人至察则无徒”的“察”是一个意思，就是人太精明了没朋友。至于“用刑失于太峻”，则是柴荣做事操切心态的一种体现。

这是典型的商人特质。并且这种商人似的思维方式，对柴荣后来的皇帝生涯影响至深。

比如，对北汉的自卫反击战。

北汉是刘知远后人在河东建立的割据政权，都城在太原，当时的皇帝叫作刘崇，刘崇就是刘知远的弟弟。前面说过，无论刘知远还是刘崇都是沙陀族，都是伪托汉帝刘姓。有样学样，照猫画虎容易，但是骨子里的东西很难改。沙陀族的基因中，天然缺乏汉地儒家一些基本的道德是非观念，更不用提纲常伦理之类更深层次的东西。所以，石敬瑭成了契丹人的儿皇帝，还卖了幽云十六州这事，你不能对他太过求全责备。包括刘知远，当时刘知远投靠契丹，被耶律德光一口一个儿子地喊，刘知远也默认了这件事情的存在。跟刘知远一样，刘崇投靠的也是契丹人，从刘崇开始，北汉也就彻底成了契丹辽国的一个附庸国。

北汉占的这个位置太过关键，前文我们分析过，太原这块地方相当于围棋里面的“劫材”，或者说相当于象棋里面的“相眼”，北汉卡着后周的相眼，后周的这盘大棋还怎么下？

不仅卡着你的相眼，这个刘崇居然还有志逐鹿中原。他手里的本钱不够，就从他的干爸契丹人那里借。于是，北汉居然趁着郭威去世、柴荣新皇登基的当口，主动挑起了同后周的战争。这场仗因为属于后周的反击，所以我们下文称其为“对北汉的自卫反击战”。

柴荣当然不答应。

柴荣是一个商人，是一个有家国天下之心的商人。

商人思维中有一条非常重要，那就是冒险精神。

当时对北汉的自卫反击战没有打响之前，北汉围攻河东高平（山西高平），进而准备控制整个上党地区（长治盆地）。高平告急，柴荣认为这事的战略价值极高，综合判断之下，才决定御驾亲征。为了一个高平，为了一个远在河东的北汉，刚刚登基没几天的皇帝就要赶赴前线，看起来是一件非常不合常理的事情。当时群臣纷纷表示，为了区区一个刘崇不值得皇帝亲自上战场，而且谅刘崇也不敢来。再说后周刚刚才办完丧事，处理内部事务更加重要。（“刘崇自平阳遁走以来，势蹙气沮，必不敢自来。陛下新即位，山陵有日，人心易摇，不宜轻动，宜命将御之。”《资治通鉴·后周纪二》）

宰相冯道更是不答应，极力阻止柴荣亲自挂帅。

冯道经历了五代中的四个朝代，共十个皇帝，长期担任朝廷的宰相一职。皇帝都换了一茬又一茬，冯道这张老脸还是没有改变，于是后人尊称冯道为“政坛不倒翁”。冯道这样的人，生逢五代大乱世，自有自己的官场求生术。所以，我们不能对其个人品德太过苛责。更加关键的是，这个人能够长期混迹朝廷之中，一定是在执政能力方面有其独到之处，否则也很难混得下去。

看到冯道据理力争，柴荣说：“我这是效法当年的唐太宗李世民。”

冯道：“我可不知道你是不是李世民。”

柴荣：“我的军队就像大山，对刘崇就是大山压鸡蛋。”

冯道：“我可不知道你是不是大山。”

柴荣不爽。

（冯道固争之，帝曰：“昔唐太宗定天下，未尝不自行，朕何敢偷安！”道曰：“未审陛下能为唐太宗否？”帝曰：“以吾兵力

之强，破刘崇如山压卵耳！”道曰：“未审陛下能为山否？”帝不悦。《资治通鉴》）

摆老资格欺负新主子，柴荣后来索性把冯道撤职了。

商人思维，还有很重要的一点——考虑成本，量入为出。

柴荣亲征，带着自己的所有豪华班底。最终柴荣在高平（山西高平）之战中大败北汉与契丹组成的联军，取得征讨北汉的决定性胜利。此后的柴荣，率领部队步步推进，直抵太原城下。

似乎，太原城指日可下，北汉崩溃在即。然而，到达太原城的柴荣，率部围攻太原二十多天，却发现后周的粮草补给已经成了一个问题。这个问题，其实柴荣在开战之前就已经想到了，但是他此次属于临时的防守反击，主要战略目的是解高平之围，于是，就把后勤补给基地放在了长治盆地（见之前的地缘分析）的泽州（山西晋城）。前面打了一场高平之战，军需补给还是没有问题的，但是长驱直入到太原盆地，泽州的军粮已经供应不上来了。更何况，太原这座城市十分坚固，一时半会，柴荣估计也拿不下来；而且，越来越多的契丹军队正在增援的路上，最后战争发展到哪一步还真不好说。

于是经过反复权衡，柴荣决定退兵。

退兵，是一项技术活，退得不好，容易成为溃退，甚至溃败。正如当时柴荣手下大将药元福所说的：“进军易，退军难。”（《资治通鉴·后周纪三》）柴荣首先布置了外线防备的人马，大将符彦卿率部阻击契丹部的援兵，并且取得大胜；当然，还要防备被困在太原城中可能的北汉军队追击，于是就派药元福断后，药元福也出色地完成了阻击任务；此外，临走之前，柴荣下令烧毁了太原城下后周的数十万军粮。（“刍粮数十万在城下，悉焚弃之。”

《资治通鉴·第二百九十二卷》）

步步撤退，步步设防，最终成功退兵。战后，柴荣战略性地放弃了已经悉数到手的城池，全军撤出了北汉地界。

考虑成本、量入为出的战争观，这并不是第一次。后来三征南唐中的第一次，柴荣也曾经因为南方的雨季来临，放弃大好的局面，暂时放弃围攻淮西的中心城市寿州（安徽淮南），决议班师回朝。一年之后，才又卷土重来。

我们不妨对比一下后世的赵光义，若干年后他也针对北汉发动过一场战争。战争初期，赵光义曾经顺利拿下了太原，灭掉了北汉。然而，胜利的喜悦让人陶醉，带着醉意的赵光义并没有仔细掂量自己投入的成本，紧接着贸然发动了对幽州的战争。结果，连续作战的宋军人困马乏，陷入了幽州城下的绞肉机中无法取胜，最终兵败高梁河。而高梁河之败，也是有宋一代，幽云十六州始终无法收回的开端。

与此相比，柴荣的审时度势，量入为出，显然道高一尺。

柴荣带兵杀入北汉境内，外科手术式的进攻之后，又旋即撤退。就对北汉的自卫反击战而言，已经达到了战略目的。后周一战扬威，狠狠地惩治了北汉这个北方小霸，而且还打脸契丹人，让契丹这个北方最大的敌人也不敢造次。此后的很多年，甚至到了北宋年间，北汉以及其后的宗主国辽国，都不敢主动打中原王朝的主意。可算是后周的“立国之战”。

柴荣是商人，也是老板。

老板的特质决定，在必要的时候必须独断专行，甚至六亲不认。否则，作为老板你无法带领团队。

柴荣除了是那个对郭威、柴守礼孝顺的柴荣，那个为工作尽心竭力的邺城留守、澶州刺史，他还必须是一个好的一把手，他有责任有义务带领一个王朝向前进。从这个角度考量，柴荣的人生最高标准是为江山社稷负责，而其他的约束和限制，在这个最高标准面前必须让路。甚至如果有必要，柴荣可以不为仁慈以及道德负责，但是必须为万民、为江山社稷负责。

比如，在对北汉的战争结束以后，虽然在战略上取得绝对胜利，并在撤退时实行了坚壁清野政策，成功地消灭了北汉的有生力量；从大兵压境到全身而退，只用了不到三个月。然而，在三个月的战事中，一些高级将领也陆续犯了很多错误，甚至有人临阵脱逃。对于这部分人，柴荣没有一点手软。

战后复盘，很多人上了军事法庭。

以樊爱能、何徽为首的七十多员战将，被柴荣下令斩首。

熟读儒家、黄老学说的柴荣，在行军打仗中已经很顾及自己的道德底线了。比如，三征南唐战争的初期，柴荣发现扬州兵力空虚，派人去攻扬州。出发前柴荣特意嘱咐自己的手下人，路过扬州，要保护好南唐李氏的祖陵，做到秋毫无犯。但同样是对南唐的战争中，南唐国主李璟派人送来了一百五十名士兵。这些士兵本来是后蜀士兵，在柴荣征讨后蜀的时候投降后周。结果后周伐南唐，这些人又临阵倒戈，投降了南唐。

柴荣二话没说，一百五十个人，悉数斩首。

还是在伐南唐的战争中，有一个绕不开的话题——“楚州屠城”事件。

古楚州，在今天的安徽凤阳一带。楚州是一座小城，然而攻打楚州，柴荣亲自上阵杀敌，却依然用了四十多天才拿下。拿下楚州城之后，发生了屠城事件，史载："周兵怒甚，杀戮殆尽。"（《新五代史·南唐世家第二》）具体人数不得而知，按照《旧五代史》的记载，应该至少有一万多人（"六军大掠，城内军民死者万余人，庐舍焚之殆尽。"《旧五代史·后周·世宗纪六》）。

究竟发生了什么事情，让周兵"怒甚"，历史的记载语焉不详，给了我们很多的想象空间。

我们认为，这次屠城，应该是艰苦围城战的一个延续。后周军队包括柴荣本人，应该是在这次战役中吃了很大的苦头，乃至心理上受到了极大的创伤。所以，随后发生的屠城事件，应该是得到了柴荣的默许。

不过，这样的屠城，在五代比比皆是。别说屠城，吃人肉喝人血的，我们前文也提到好几个。哪怕是延伸到整个古代社会的框架内，默许屠城依然是经常发生的一件事情。远的不说，在郭威南下进攻汴梁时，城破之前，郭威对部队的承诺就是可以放肆劫掠几天。

放在时代背景下，五代的屠城是个大概率事件，但在柴荣麾下的后周军队中，确实是个小概率事件。按照当时的常规，为了防止部队哗变，柴荣的默许是可以理解的。我们还是那句话，柴荣是为了国家社稷负责的，这是一个大前提。

平边策

作为老板，带着整个公司前进，还需要有长远的战略思维。

具有商人思维的柴荣，他的心中有一个大大的梦想。

这个梦想承袭自姑父郭威，最终脱胎于他自己的坚定信仰。柴荣的梦想，不仅限于结束这个黑暗的时代，他还要开启一个新的纪元，这个新纪元的标志就是华夏一统，汉文化复兴。如果柴荣的心中有一个前辈需要追赶的话，那就是曾经结束三百年战乱的隋文帝杨坚。

梦想天然高于现实，所以梦想对于绝大多数人来说，永远只是梦想。但总是有那么一些人，他们把梦想落地成计划，把大计划分解成小计划，先从完成一个小计划、实现一个小目标开始做起，无论再遥远的梦想，只要坚持计划，总会无限趋近于现实。

即位之初的柴荣，在朝堂之上许下了这样的诺言："十年开拓天下，十年养百姓，十年致太平足矣！"（《旧五代史·卷一百一十九·世宗纪六》）时年 33 岁的柴荣，雄姿英发。从这一天开始，他殚精竭虑，只争朝夕地兑现自己的承诺。而事实上，也就是从那个时候开始，他工作量几倍于常人地勤政不辍，他想早日看到他大大的梦想实现的那一天。

梦想有了，为了实现梦想则必须设计战略，有了战略才会有计划。

帮助柴荣设计战略的人，叫王朴。

王朴为柴荣详细规划了开封这座城市，从此开封不仅是五代乱世皇帝们的军政驻地，且真正具备了未来强盛中华帝国首都的雏形。王朴亲自撰写了《平边策》，这篇文章类似诸葛亮之于刘备的《隆中对》。在文章中，王朴为柴荣明确了统一中国的指导方针，那就是“先易后难，先南后北”。这个《平边策》，对于当时整个后周军界的影响非同小可，不仅柴荣生前严格按照这个大方向来制定统一全国的战略战术，若干年后，宋太祖赵匡胤、宋太宗赵光义的用兵，也极大地受到了这本书的影响。

王朴和柴荣的关系，也有点类似于当年的诸葛亮和刘备。每次柴荣外出征战，王朴就作为东京留守，帮助柴荣打理战争期间的内政外交。王朴自从被皇帝赏识而破格提拔以来，为皇帝殚精竭虑。然而几年之后，勤奋的王朴最终因为工作过于劳累，猝死于任上。王朴死后，痛失贤良的柴荣将手中的斧钺丢在地上，大哭不止。

以王朴为代表的智囊团和施政团队，是柴荣最大的执政依托。短短几年之间，后周世宗柴荣，做了许许多多之前半个世纪就应该有人做，但却始终没有做成的事情。

在军事方面，柴荣的成就极高。短短几年之间，反击北汉、西伐蜀国、三征南唐、北伐契丹，年轻的柴荣五次御驾亲征。后周身居四战之地的中原，却能以极快的速度蚕食和吞并周围的国土。

内政方面，柴荣兴修水利、开拓漕运、减免税负、澄清吏治、整饬佛教，一时之间，国家的面貌为之一新。尤其值得一提的是，柴荣重视藏书，奖励献书。这个举措，跟当年的隋文帝杨坚极其类似。

不过，政策似乎依然有瑕疵。整饬佛教，在很多人的口中被称为“灭佛”。后世在“灭佛”问题上争议很大，有争议也就值得讨论一下。

在中国历史上有不少人组织过“灭佛”，前文的北周武帝宇文邕就是其中一个。灭佛的皇帝有：北魏太武帝拓跋焘、北周武帝宇文邕、唐武宗李炎和后周世宗柴荣。这些皇帝，被合称为“三武一宗”。柴荣就是这“一宗”。

首先讲，灭佛的皇帝，其实都还是不错的皇帝。这几个人几乎个个雄才大略，按照正常的逻辑来讲，他们组织“灭佛”，一定是有原因的。

我们再来看原始佛教。

随着人类社会的演进发展，人类单靠肉体和物理手段已经无法解决来自生命中的诸多困惑。于是求助于精神和灵魂层面的解答，宗教便应运而生。宗教的本质是控制人心。正因如此，世俗政治往往会和宗教相结合，宗教利用世俗政治的影响来发扬光大，世俗政治则会利用宗教来稳定政权，这是各取所需的一件事情。有了这些先决条件，两者结合自然而然会产生政教合一的政权形式。

即便是到了今天，美元上面依然写着一句话“In god we trust”。意思是，我们信仰上帝。作为世界货币，美元自布雷顿森林体系确立之后就已经成为全世界的通用结算单位。即便如此，美国依然在推销他们的上帝。

所以，无论什么时候，精神和价值观的东西，才是人类内心最本真的东西。

佛教初来中国的时候，鸠摩罗什、佛图澄为把佛教推成国教出力甚多，同时期的始祖达摩，不也跑到梁武帝萧衍那里，是分分钟准备给萧衍当国师的节奏吗？只是最后话不投机，没谈成而已。

滥杀成性和信仰空虚的南北朝时期，道德体系崩塌，儒家思想和道德观念、礼教形式已经被破坏殆尽，大家可以弑君，可以屠城，可以吃人肉。老百姓无法再去相信儒家传递的微言大义。于是佛家和道家强盛了。佛家说，“苦海无边，回头是岸。”既然已经堕入了六道轮回，那就不要看今生，看来世吧；道家说，赶紧离开尘世，想办法修心，提高自身修为，以后说不定可以得道成仙。又或者，把《道德经》的小册子一摆，大家开始根据教义进行辩论，于是魏晋玄学诞生了。

佛教虽做不了国教，但还是为自己争取到了非常多的权益。这种权益，类似于当时欧洲中世纪的罗马教廷以及散布在各处的教会组织。这些权益包括：宗教机构可以拥有土地，可以免税，可以拥有奴仆，甚至是女人。于是越来越多的人为了躲避赋税和徭役，开始想办法进入寺庙。于是帝国的版图上，寺庙越来越多，还有以国家名义成立的皇家寺院。皇家寺院往往更加夸张。比如北魏，前朝的皇帝遗孀被打发到寺庙内修行，结果这些前朝老妃嫔们又开始蓄养男宠，搞得寺庙乌烟瘴气。

于是皇帝就不干了，主要原因倒不是因为乌烟瘴气，而是国家越来越虚弱了。国家能收的税越来越少，士兵和农民也越来越少，而且不管城市还是乡村，大量位置好的公共土地都给了寺庙。

这么搞下去，国家怎么办？

英明的皇帝就开始找出路，于是就开始“灭佛”。

所以，“三武一宗”的出现不是偶然，由雄才大略的皇帝来“灭佛”，则更加不是偶然。说到底，在古代中国世俗化的国家机器面前，宗教不能因为自身发展侵害世俗政权的切身利益，只能做世俗政权的工具，这是基本前提。

五六成数

不管内政还是外交，王朴都为柴荣出力甚多。

作为老板，有王朴这样的人来设计战略，何其幸甚。

老板和打工者的真正区别，就是到了山穷水尽、弹尽粮绝的绝境，能否誓死战斗，以期置之死地而后生。所以，如何充分调动打工者们的积极性，是确保战略能否持续落地的关键。

柴荣在这一点上，做得不错。

比如，在对北汉自卫反击战中，第一战是高平之战。这一仗打得十分惨烈。在战斗最艰苦的时刻，后周军队有崩盘的危险。而如果后周军队败在高平，也就没有后来的太原之战，以及对北汉的战略胜利之类的后话了。在后周军队士气低迷的危急时刻，柴荣就像当年的唐太宗李世民一样，亲自冒着枪林弹雨冲到了阵地上。（“帝见军势危，自引亲兵犯矢石督战。”《资治通鉴·后周纪二》）

当时柴荣手下大将赵匡胤见状，大受鼓舞，大喊一声：“我们老大都已经玩命了，我们这帮人必须誓死效忠！”（“主危如此，吾属何得不致死。”《资治通鉴·后周纪二》）

在柴荣时期的全部六次对外战争中，皇帝本人御驾亲征的有五次，只有一次伐后蜀，是由赵匡胤挂帅。其他五次，几乎每一次柴荣都要身临险境。至少在柴荣在世的时候，他手下的赵匡胤、张永德、李重进这些人，都是在战争中学习战争，从而慢慢成长起来。到最后，发展成能够独当一面的统兵将领。甚至，赵匡胤后来篡权，还是沿袭着老上级柴荣的套路，一步步建立了宋帝国。

老板自己牛不算牛，牛成牛群、牛出团队才是牛。

在如日中天的后周世宗柴荣面前，骑在中原皇帝头上拉屎撒尿几十年的契丹人感受到了前所未有的压力。这些年趁着中原战乱，契丹人时不时就来中原打打秋风，抢钱抢粮抢女人。不仅如此，得了便宜之后，契丹人还要中原的皇帝称臣，称臣不算，还要强迫石敬瑭、石重贵之流喊爹喊爷爷。如今风水轮流转，契丹人担心，自己迟早会遭遇石重贵那样玉石俱焚的下场。

而事实上，柴荣也几乎做到了。

公元 959 年，雄心勃勃的柴荣北伐辽国，势如破竹。柴荣用了短短六个星期的时间，连续拿下了两州三关共十七个县，契丹人除了眼看着御驾亲征的柴荣步步推进之外，几乎无计可施。眼看，汉人的传统旧地，连续几十年中原皇帝的心中块垒——幽云十六州指日可下。然而不幸的是，同年六月，行军途中的柴荣，突然染病。

后周军队，不得不班师回朝。

回东京汴梁之后不久，后周世宗柴荣溘然长逝。

我们相信，老板柴荣的死因和他的经理王朴一样，都是过劳死。

所以，我们不由得又想起来当年柴荣和王朴的那些誓言。

柴荣问王朴，自己大概能够干多少年皇帝的工作；王朴说，陛下以苍生为念，我看，干三十年没啥问题。（问之曰：“朕当得几年？”对曰：“陛下用心，以苍生为念，天高听卑，自当蒙福。臣固陋，辄以所学推之，三十年后非所知也。”《旧五代史·后周·世宗纪六》）于是，之后才有了柴荣那句著名的——“十年开拓天下，十年养百姓，十年致太平足矣！”不过，柴荣到死，只做了五年零六个月的皇帝。对此，写书的史家告诉我们：“自瓦桥关回戈，未到关而晏驾，计在位止及五年余六个月，五六乃三十之成数也，盖朴婉而言之。”（《五代史补·卷五·周二十三条》）

换言之，五年六个月，五六三十，这才是王朴的本意。

柴荣就像企业里一位事必躬亲的老板，他用五年六个月的寿命，做了三十年的事情。也就是说，他把自己生命的怒放，全部浓缩在这短短几年之中。

柴荣像一颗划过天际的流星，把一生之精力，都加以浓缩和萃取，开启了黑暗世界再次跨入黎明的序幕。几年之后的赵匡胤，几乎完全按照柴荣生前的计划和路线实现了神州的基本统一，并且奠基了一个拥有灿烂文化的两宋盛世。

郭威在天有灵，一定会为自己当年选人的眼光欣慰。

乱世郭威，这辈子历尽人世间的不幸——幼年丧父，童年丧母，中年丧子。难能可贵的是，郭威一直保持初心，从来没有忘记自己的人生信念。郭威传位给毫无血缘关系的柴荣，将自己的遗志执行并发扬光大。郭威用他的胸襟与眼光，写就中国历史上独树一帜的一页。

郭威父子，值得尊敬。

魔方中国史 · 系列导读

书名		章节	朝代（时间重组）	地理地缘分析（空间重组）	主要人物
第一部	蝴蝶效应：历史漩涡中的汉唐中国	向太史公致敬	西汉（汉武）	司马迁游历全国概述	司马迁
		飞将军的悲剧	西汉（汉武）	蒙古高原	李广 / 李陵
		司马迁的拯救	隋	无	杨坚
		表亲们的纠葛	隋末唐初	关中平原 / 河东 / 洛阳盆地 / 崤函通道	杨广 / 李渊 / 李世民
		杨家女人的复仇	唐（中）	长安三大内与唐长安城	武则天 / 太平公主 / 杨贵妃
第二部	帝位进化论：天子们的忐忑与哀愁	唐玄宗的太子叛父	唐（中）	巴蜀蜀道 / 汉中	李隆基 / 唐肃宗
		宋徽宗的父债子还	北宋（末）	幽云十六州 / 开封	宋徽宗 / 宋钦宗
		康熙皇帝的九子夺嫡	清（康熙）	无	雍正帝
		朱元璋的子孙相残	明（初）	北平	朱元璋 / 朱允炆 / 朱棣
		周太祖的养子荣光	五代（末）	邺城	郭威 / 柴荣
第三部	王朝轮回：暴走中的周期律	赵宋王朝的轮回	北宋（初）/ 南宋（初）	河北 / 淮西 / 淮东	赵匡胤 / 赵光义 / 李煜 / 赵构 / 岳飞
		女真人的血咒	金（末）/ 元（末）	巴蜀蜀道 / 荆襄之地	窝阔台 / 拖雷 / 忽必烈 / 蓝玉
		姓氏的果报	唐（末）/ 明（末）	辽西走廊	万历皇帝 / 魏忠贤 / 崇祯皇帝 / 袁崇焕 / 李自成
		强大的基因	西汉（初）	汉三宫与汉长安城	卫子夫 / 汉武帝 / 丙吉 / 汉宣帝

（续表）

书名		章节	朝代（时间重组）	地理地缘分析（空间重组）	主要人物
第四部	女权逆袭：那些弄巧成拙的男人们	外戚篡权	西汉（末）	无	王政君 / 赵飞燕 / 王莽
		颜值悖论	西晋	无	司马炎 / 贾充 / 贾南风
		红颜雄主	辽	太行八陉	萧太后 / 韩德让
		子贵母死	北朝	大同	拓跋珪 / 冯太后 / 拓跋宏 / 胡太后
第五部	魏晋风流：跨越千年的爱恋与恩怨	三家分晋	春秋战国	运城盆地	晋国 / 赵魏韩
		三国归晋	三国 / 西晋	长江防线 / 辽西古道 / 鄱阳湖平原	司马懿 / 司马昭 / 邓艾 / 钟会 / 孙皓
		魏晋模式	东晋 / 南朝	江南水乡 / 南京 / 地缘总纲	桓玄 / 萧衍 / 陈霸先
		魏晋情仇	五胡十六国	无	刘琨 / 冉闵
第六部	父系荣耀：刘氏基因的雄霸天下	刘邦谜之征服	秦（末）	豫西通道	刘邦 / 项羽
		刘秀情之承诺	东汉（初）	南阳盆地	刘秀 / 阴丽华 / 郭圣通
		刘备殇之复汉	三国	巴蜀地缘 / 汉中盆地 / 两湖平原	刘备 / 诸葛亮 / 陆逊
		刘裕武之飞扬	南朝	黄河防线	刘裕 / 刘穆之